Obst und Gemüse aus unserem Garten

D1923140

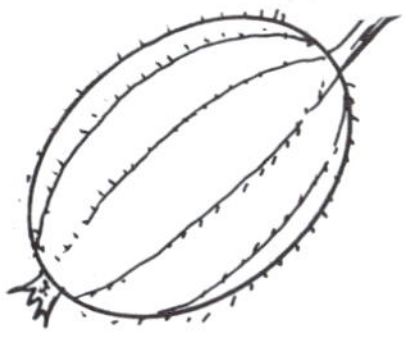
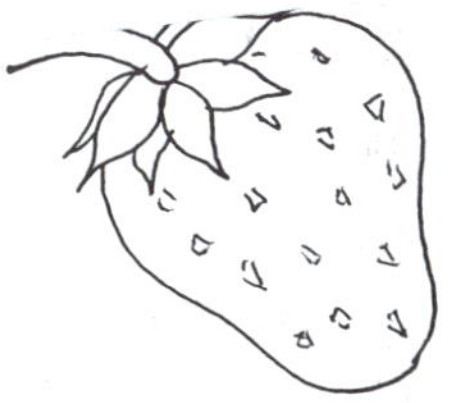
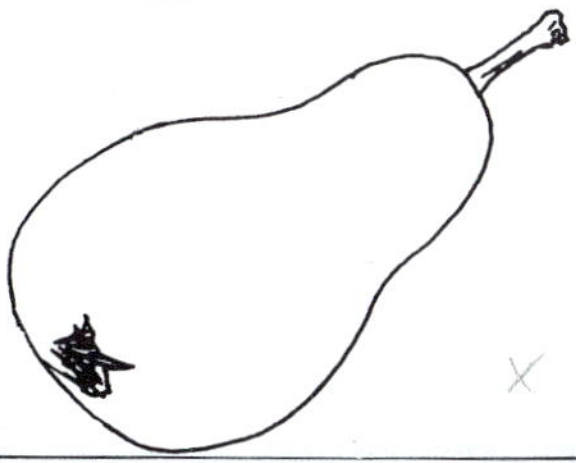

Obst aus unserem Garten:

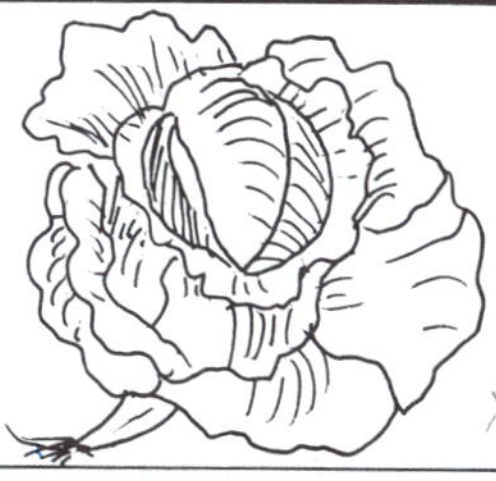
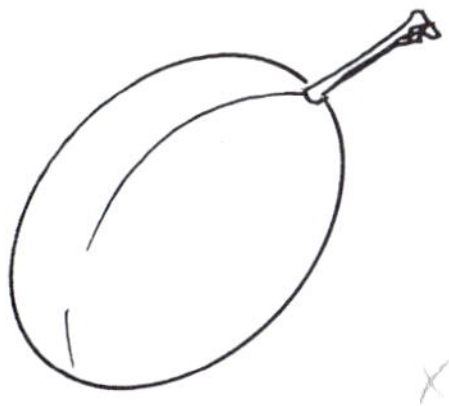
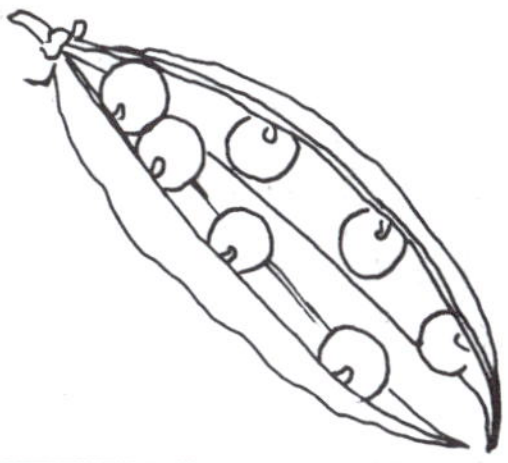

Gemüse aus unserem Garten:

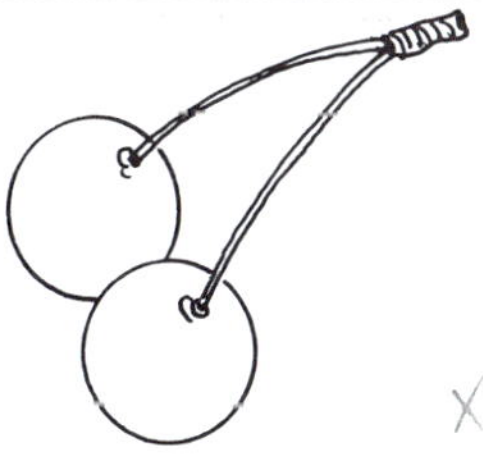

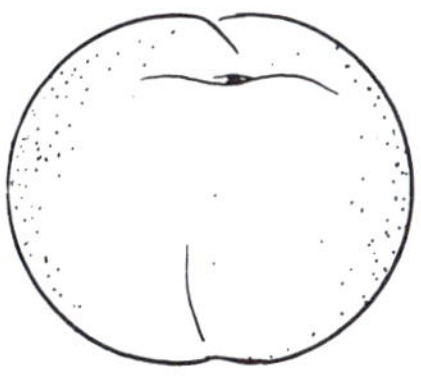

Apfel – Johannisbeere – Stachelbeere – Erdbeere – Kraut – Erbse – Mohrrübe – Tomate – Gurke – Radieschen – Bohne – Salat – Pfirsich – Kirsche – Pflaume – Birne

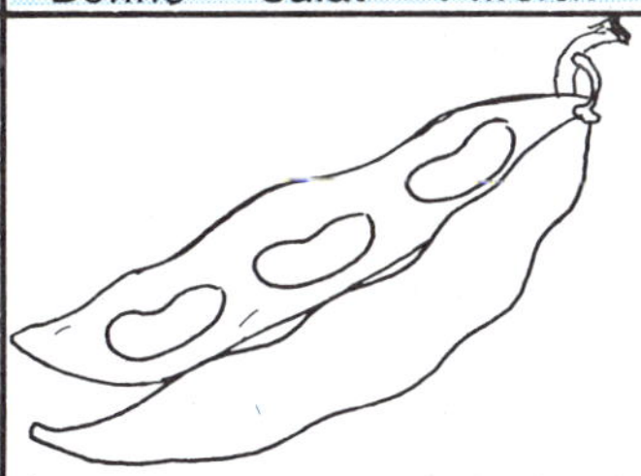

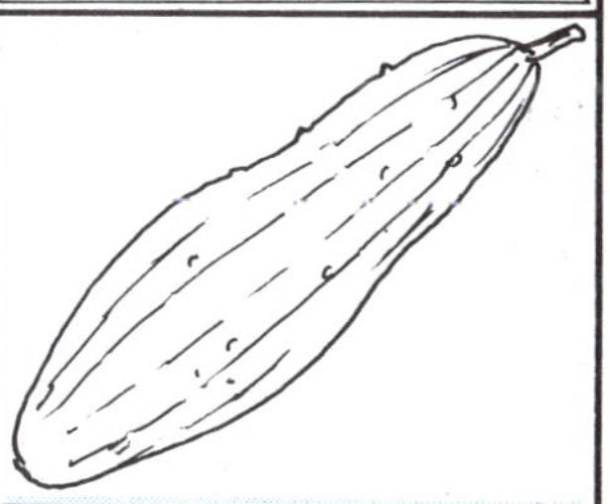

Wie wir mit Obst und Gemüse versorgt werden

Schneide aus dem farbigen Ausschneideblatt das passende Bild aus und klebe es ein!

1 Rosenkohl – 2 Grünkohl – 3 Weißkohl – 4 Rotkohl – 5 Mohrrüben – 6 Kürbis-7 Pflaumen – 8 Brombeeren – 9 Äpfel – 10 Birnen

Wir ernten Obst:

Wir ernten Gemüse:

Kleingärten können uns nicht alleine versorgen. Auch Bauern und Gärtner ernten Obst und Gemüse.

Lastkraftwagen bringen es zum Großmarkt.

Auf dem Großmarkt kaufen es die Einzelhändler.

Wir kaufen es auf dem Markt und im Geschäft.

Obst Gemüse Einzelhändler Großmarkt Markt Geschäft

Niederschläge und ihre Verdunstung

3

Gewitter – Regen – Tau – Nebel – Schnee

Es regnet

Die wird naß. Im

sammelt sich Wasser. Es fließt ab in

. Bäume und nehmen Wasser

auf. Es in der Erde. Die Feuchtigkeit,

die aus der Luft kommt, nennt man „Niederschlag".

Nach dem Regen ist die Straße wieder .

Sonne und sorgen dafür, daß das Wasser

verschwindet. Es verdunstet.

Straße – Teich und im See – Bäche und Flüsse – Büsche – versickert – Luft – trocken – Wind

Ständig verdunstet Wasser:

von der Straße – aus Teich und Fluß – von Bäumen und Büschen – aus Bach und Fluß

Von der Quelle bis zur Mündung

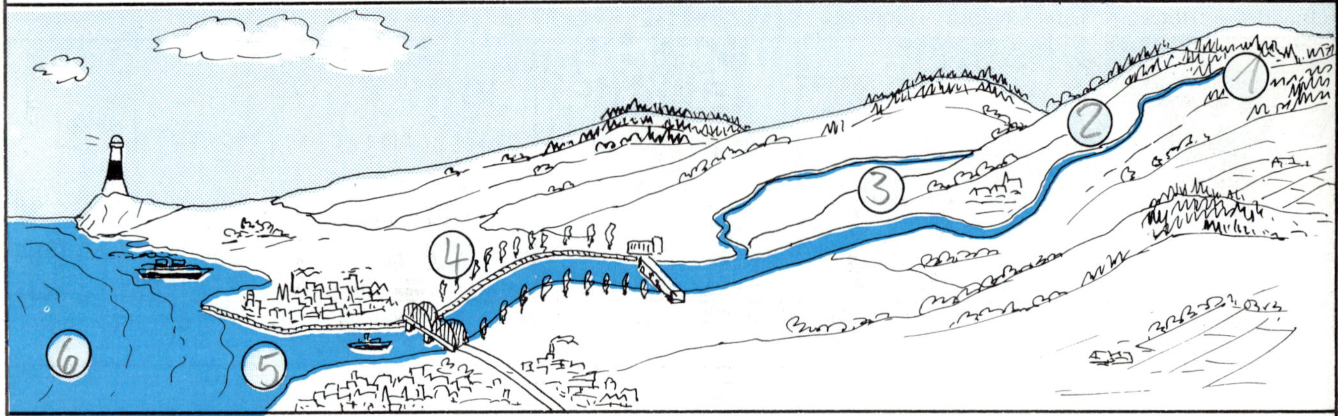

① Quelle ② Bach ③ Fluß ④ Ufer ⑤ Mündung ⑥ Meer

Das kannst du zu Hause beobachten

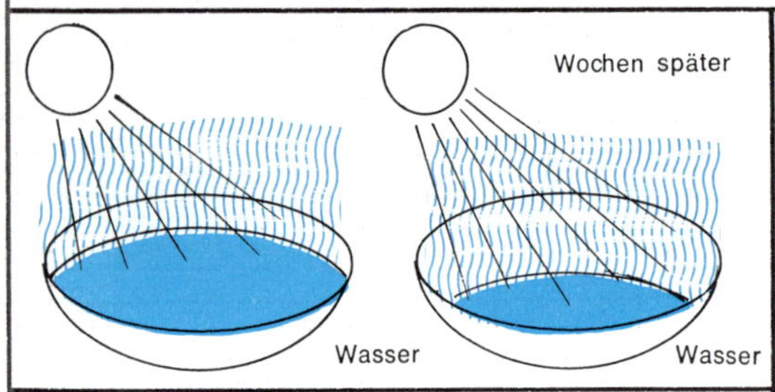

verdunsten
verdampfen
verdichten

verdunsten	verdampfen	verdichten

So ist es in der Natur

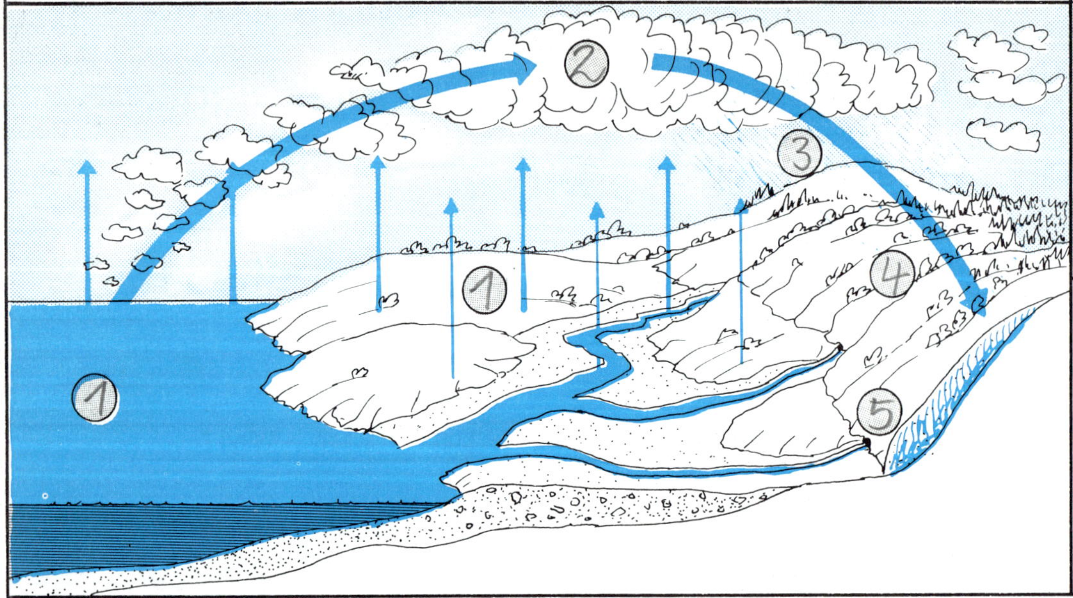

❶ Erde, Gewässer
❶ Meer
❷ Wolken
❸ Niederschlag
❹ Erde
❺ Quelle

verdunstet
verdichtet
Niederschlag
versickert
Quelle

Das Wasser von der ① Erde, aus den ① Gewässern
und aus dem ① Meer verdunstet. Es verdichtet
sich zu ② Wolken. Später fällt es als ③ Niederschlag
zur ④ Erde zurück. Dort versickert es und speist
die ⑤ Quelle. Der Kreislauf beginnt von neuem.

Wie das Wasser in unser Haus kommt

Aus der Quelle ins Haus

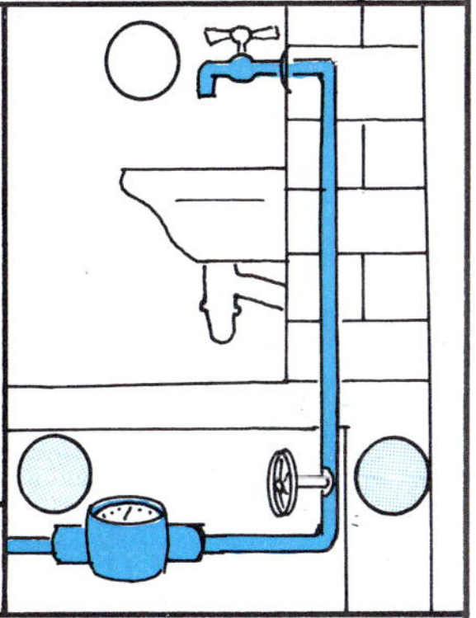

1 Quelle, 2 Sammelbehälter, 3 Pumpwerk, 4 Hochbehälter, 5 Hauptrohr, 6 Wasseruhr, 7 Absperrhahn, 8 Steigleitung, 9 Wasserhahn

Wie das Wasser in unser Haus kommt

Das Wasser aus der ① oder aus dem Brunnen wird in ② geleitet. Ein ③ pumpt es in einen ④ . Von dort fließt es durch das ⑤ und die ⑧ bis zum ⑨ im obersten Stockwerk des Hauses.

Die ⑥ zeigt den Wasserverbrauch an.

Der ⑦ im Keller muß geschlossen werden, wenn im Haus ein Rohrbruch passiert ist. –

Die Wasserversorgung im Bergland geschieht durch einen . Die Wasserversorgung im Flachlandgeschieht durch eine

Wasserversorgung im Bergland

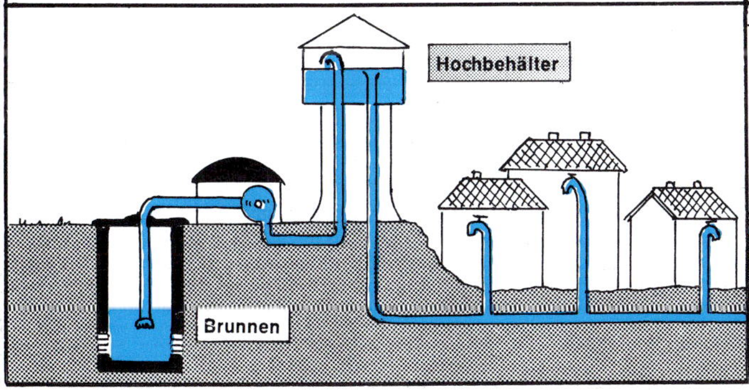

Wasserversorgung im Flachland

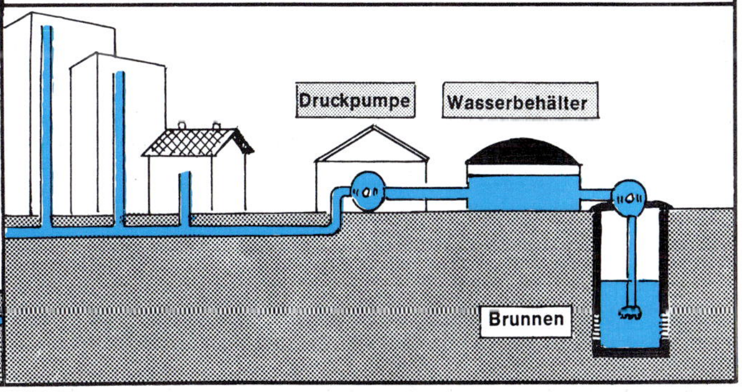

Wofür im Haushalt Wasser gebraucht wird

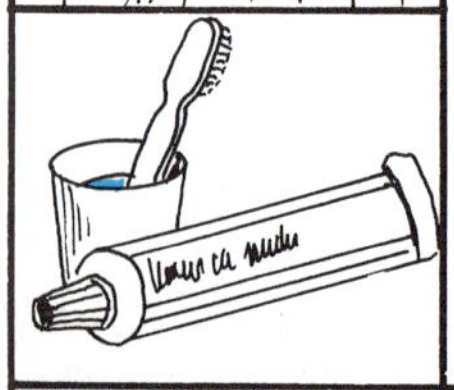

Wir brauchen Wasser zum

Wir brauchen

Wir

Wir

Wir

Mutter braucht Wasser zum

Mutter braucht

Mutter

Mutter

Mutter

Trinken – Waschen – Baden – Duschen – Zähneputzen – Kochen – Geschirrspülen – Wäschewaschen – Wischen – Fensterputzen

Wo das schmutzige Wasser bleibt

Kanal – Rechenanlage – Sandfang – Klärbecken – Tropfkörper – Fluß

Täglich fließt schmutziges Wasser in die Kanalisation. Bevor es in den Fluß gepumpt wird, muß es in der Kläranlage gereinigt, „geklärt“ werden.

Das schmutzige Wasser gelangt aus dem ①

in die ② . Hier wird der grobe Unrat

(Zweige, Holz, Lumpen usw.) abgefangen. Sand und Kies

setzen sich im ③ ab. Im ④

sinken die feinen Schlammteilchen zu Boden.

Im ⑤ tropft das Wasser über groben

Schotter. Dann fließt es in den ⑥ .

Elektrische Geräte im Haushalt

(1) Leuchtröhre (2) Lampe (3) Radio (4) Küchen- und Eieruhr (5) Heizkörper (6) Warmwasserboiler (7) Elektroherd (8) Waffeleisen (9) Bügeleisen (10) Toaster (11) Kühlschrank (12) Gefrierschrank (13) Mixer (14) Entlüfter (15) Allesschneider

Licht erzeugen:

Töne erzeugen:

Wärme erzeugen:

Kälte erzeugen:

Arbeit verrichten:

Nenne noch andere elektrische Geräte im Haushalt:

Der Weg des elektrischen Stromes

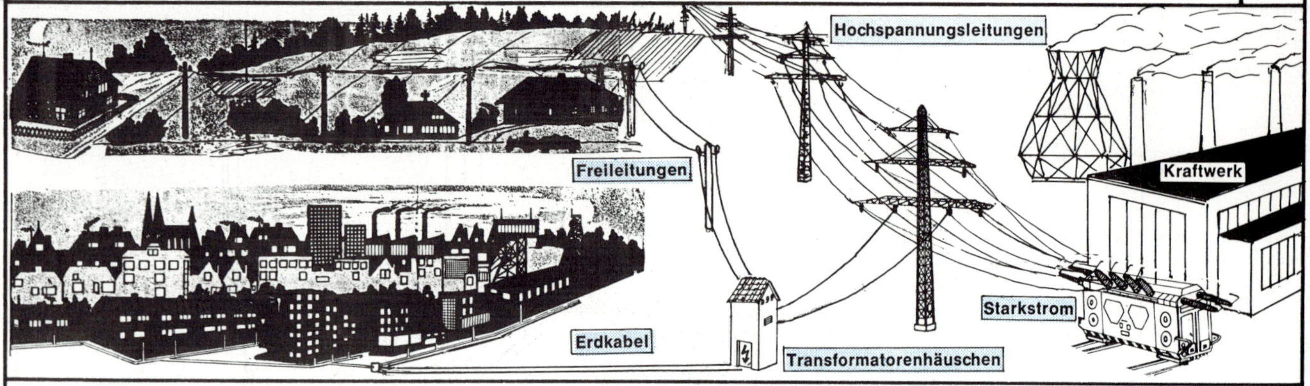

Kraftwerke erzeugen . Durch

fließt er in die Wohn- und Industriegebiete.

In wird der Starkstrom auf

220 Volt abgeschwächt. Über das Land fließt er durch

, in den Städten durch

Telefonleitung – Stromkabel – Gasleitung – Wasserleitung – Abwasserleitung – Entlüftungsschacht – Abwasserkanal

1.
2.
3.
4.
5.
6.
7.

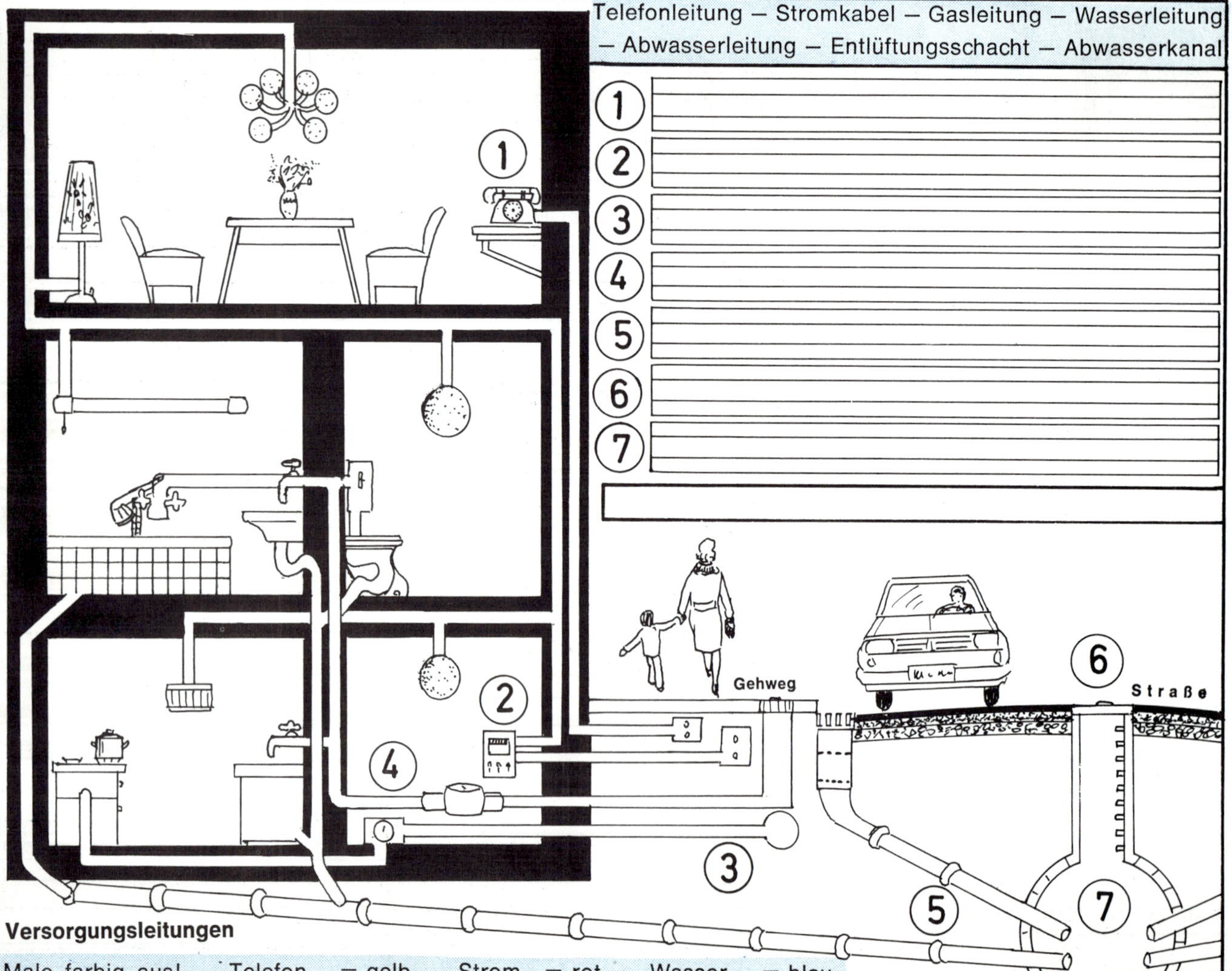

Versorgungsleitungen

Male farbig aus! Telefon = gelb Strom = rot Wasser = blau
Abwasser = braun Gas = grün

Wer bei einem Unfall hilft

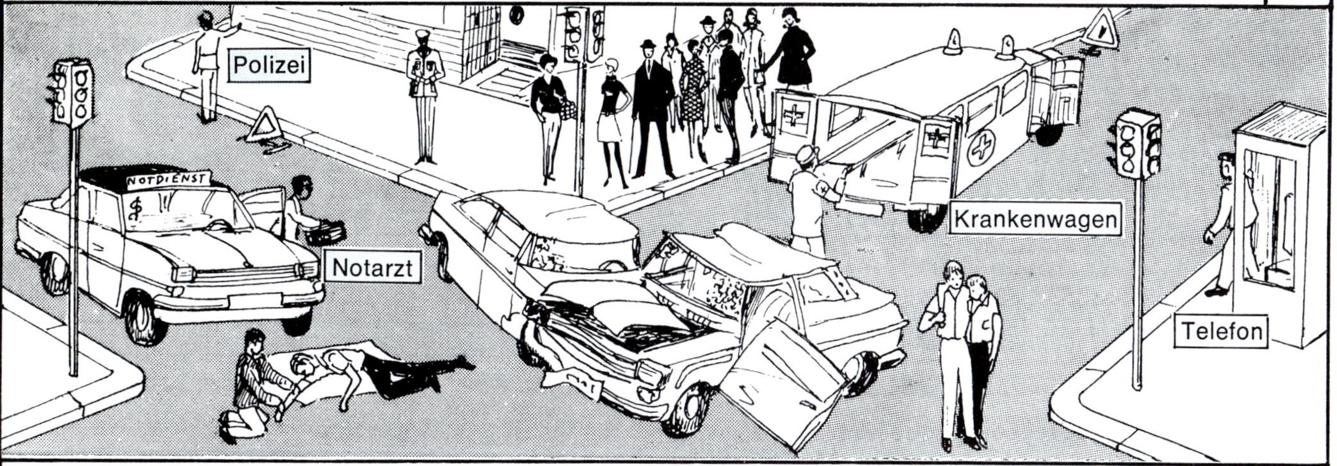

Ein Unfallzeuge hat über eine Notrufsäule oder

ein die Polizei benachrichtigt. Sie ver-

ständigt den und einen

des Roten Kreuzes oder der Feuerwehr.

Die Polizei sichert die Unfallstelle ab.

Der Notarzt versorgt den Verletzten. Der Kranken-

wagen bringt den Verletzten ins Krankenhaus.

Wie man die Helfer schnell benachrichtigen kann

Hebel runterdrücken
und festhalten!
Blinkanlage geht an.

1

Sprechen!

Hörer abnehmen!
Geld einwerfen!

2

Sprechen!

Scheibe einschlagen!
Knopf tief drücken!

3

Bescheid sagen!

Klappe hochheben!

4

Sprechen!

Polizei meldet sich. 1 | Nummer 110 wählen! 2 | Feuerwehr erwarten! 3 | Straßenmeisterei meldet sich. 4

Es brennt

Feuer und Rauch . Ich renne

zum und .

Dann drücke ich tief ein.

Ich warte . In der Feuerwache

. Die Feuerwehrleute

. Die Feuerwehr .

. . . sind zu sehen. . . . Feuermelder . . . schlage die Scheibe ein. . . . den schwarzen Knopf . . . auf die Feuerwehr. . . . ertönt ein Alarmsignal. . . . rutschen eine Stange hinab. . . . fährt aus.

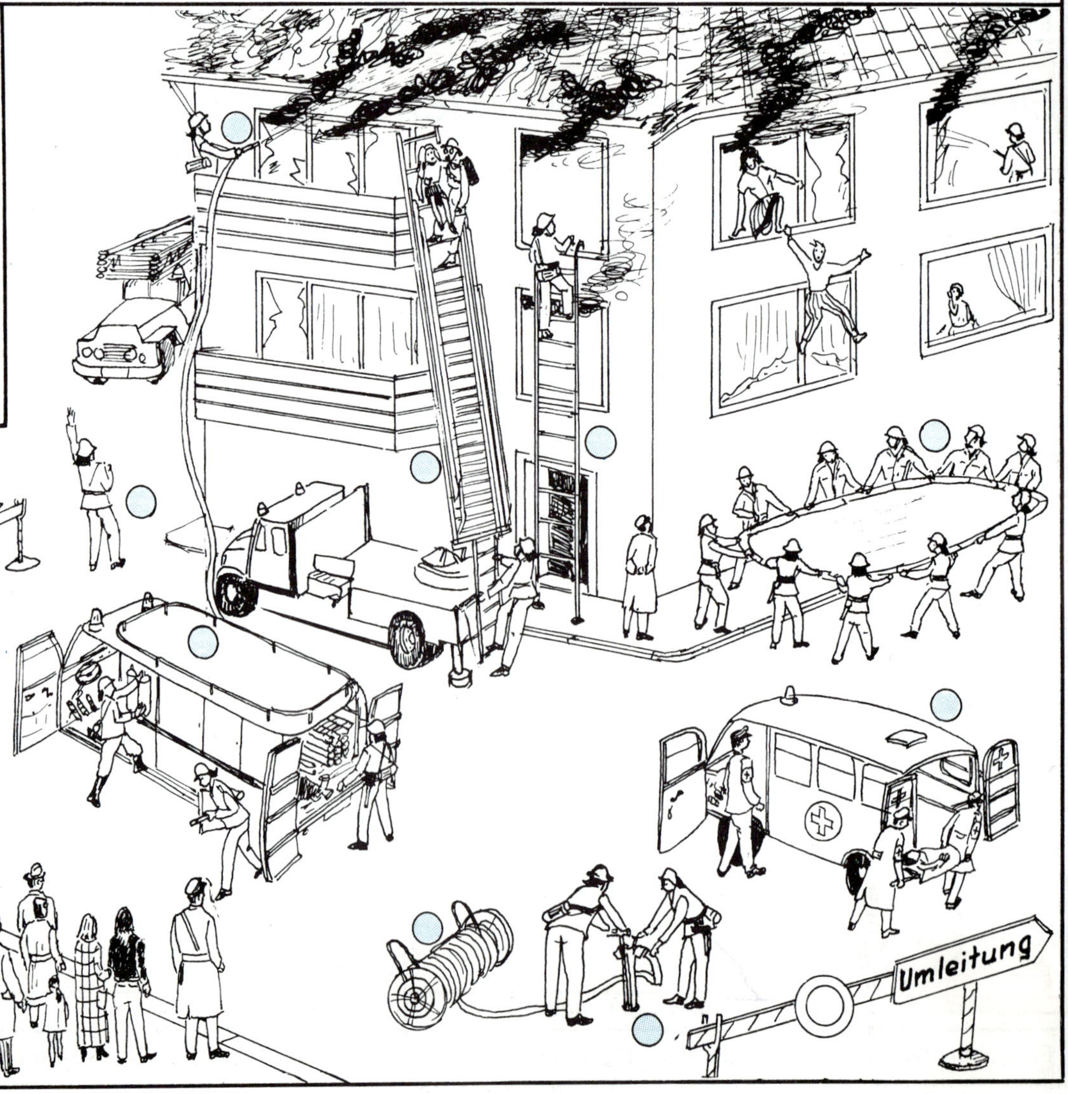

① Rufsäule
② Drehleiter
③ Löschwagen
④ Hakenleiter
⑤ Brandmeister
⑥ Schläuche
⑦ Strahlrohr
⑧ Hydrant
⑨ Sprungtuch
⑩ Krankenwagen
⑪ Umleitung

112 FW / Rettungsdienst

Ich rufe den Arzt an

Ich rufe von einem Telefonhäuschen den Arzt an, weil Mutter krank ist

Am Apparat steht:	**Ich telefoniere: Ich**
Hörer abnehmen!	nehme den Hörer ab.
Geld einwerfen!	werfe Geld ein.
Freizeichen abwarten!	warte das Freizeichen ab
Nummer wählen!	wähle die Nummer.
Meldung abwarten!	warte die Meldung ab.
Sprechen!	spreche.
Fasse dich kurz!	fasse mich kurz.

Wenn du die Polizei benachrichtigen mußt:

Zum Telefonhäuschen laufen

Hörer abnehmen

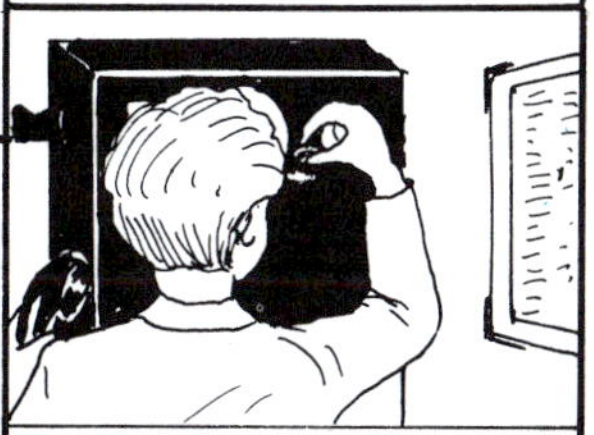
30 Pf einwerfen

Nummer 110 wählen

Unfall schildern
Unfallort beschreiben

Ich nehme den Hörer ab.

Ich werfe

Ich

Ich

Ich

Ich

Ich

Was ich immer beachte:

1

3

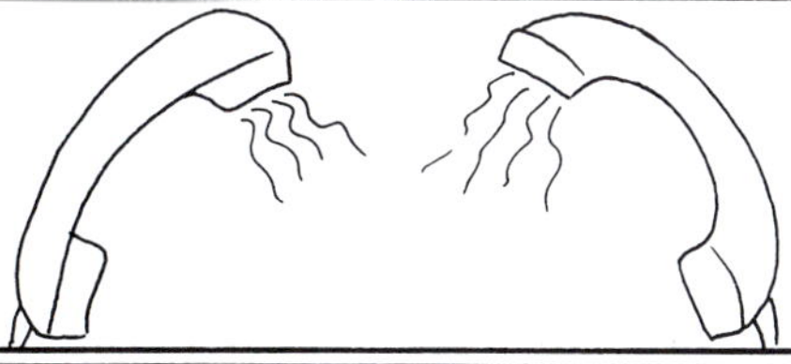

2

4

Ich wähle die Ziffern zügig.
Ich melde mich mit Namen.

Ich spreche langsam und deutlich.
Ich lege den Hörer auf die Gabel.

Gefahren im Winter

Vorsicht! Glatteis!

Bürgersteige und sind glatt. Wir können

und hinfallen. Besondere

ist beim Überqueren der Straße geboten. Die Autos kom-

men leicht ins und können

nicht so schnell anhalten. Viele sorgen

dafür, daß rechtzeitig wird.

Straßen – ausrutschen – Vorsicht – Schleudern – Helfer – gestreut

Wir helfen Unfälle verhindern

Das Werfen

von Schneebällen

Das Betreten

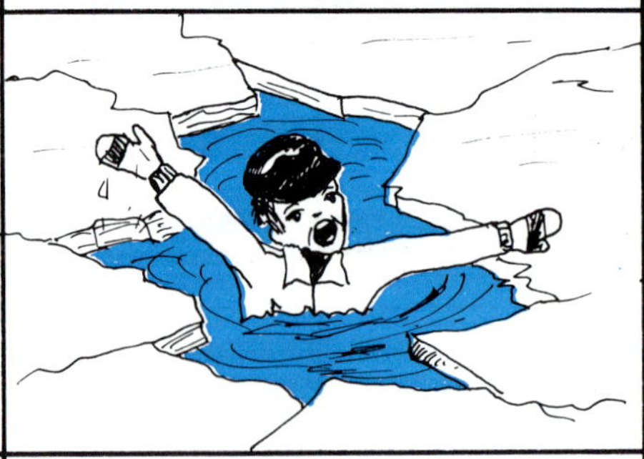

von Gewässern

Das Rodeln

auf der Straße

Das Werfen von Schneebällen ist gefährlich.

ist gefährlich.

ist gefährlich.

Wozu wir die Post gebrauchen

1 Schalter – 2 Briefeinwurf – 3 Fernsprechzellen – 4 Paketschalter – 5 Paketwaage – 6 Schreibpult – 7 Schließfächer

Auf der Post können wir Ferngespräche 1 ,
Telegramme 2 , Pakete und Päckchen
3 , Geld 4 , Geld 5 ,
Geld 6 , Briefmarken 7 , Briefe
und Postkarten 8

1 führen – 2 aufgeben – 3 abschicken – 4 einzahlen – 5 abholen – 6 sparen – 7 kaufen – 8 einwerfen

Der Postbote	Der Postbote	Der Paketwagen	Der Eilbote

Briefe, Karten, Geld und Zeitungen	Nachnahmesendungen und Nachgebühren kassieren	Päckchen und Pakete	Eilbriefe und Telegramme

Der Postbote bringt uns

Der Eilbote bringt uns

Der Paketwagen bringt uns

Der Postbote kassiert auch

Die Oma schreibt uns einen Brief

Sie denkt an:

① die	② die
③ den	④ die

1 Adresse — 2 Postleitzahl — 3 Absender — 4 Briefmarke

Brief in den Briefkasten

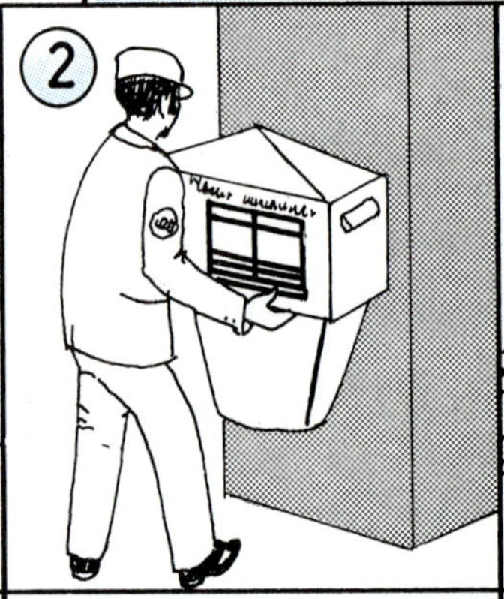

leert den Briefkasten

werden die Briefe sortiert

werden die Briefe abgestempelt

werden die Briefe verteilt

werden die Briefe transportiert

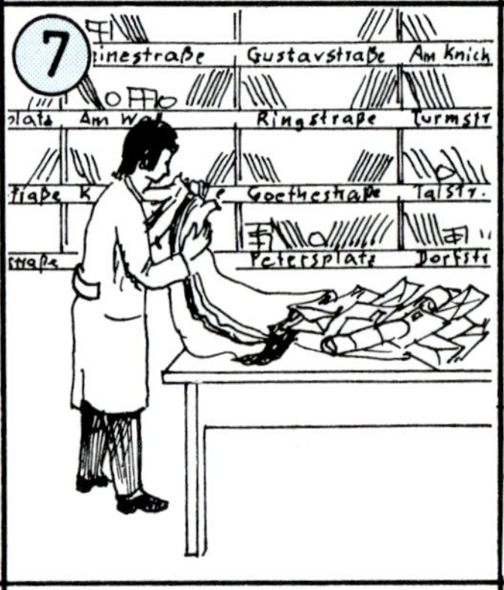

werden die Briefsäcke entleert

bringt die Briefe ins Haus

Oma wirft den [1]

Der Postbeamte [2]

Auf dem Postamt [3]

Auf dem Postamt [4]

Auf dem Postamt [5]

Mit der Eisenbahn [6]

Auf dem Postamt [7]

Der Briefträger [8]

Ein Paket ist unterwegs

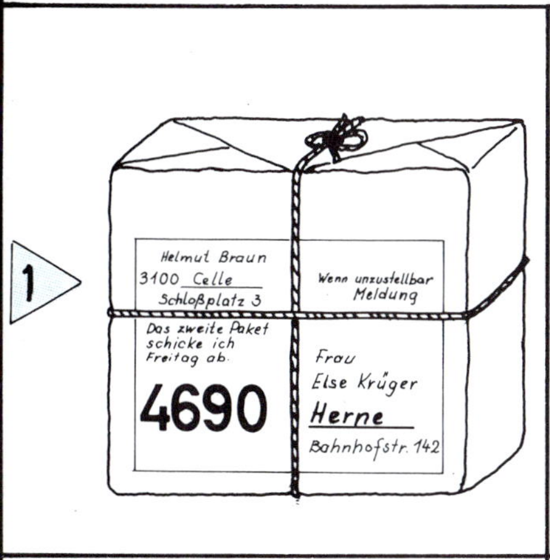

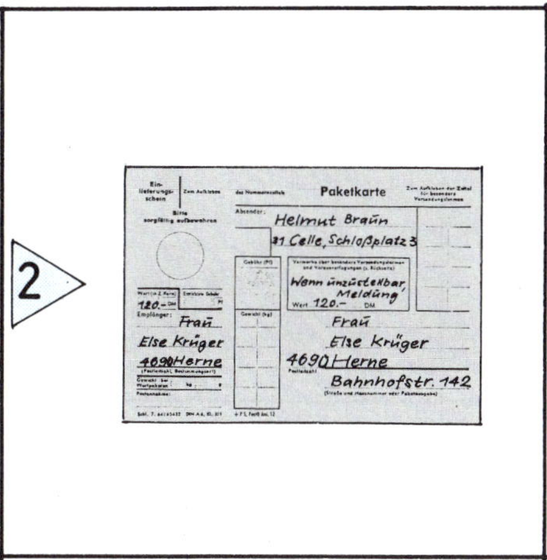

1 Paket verpacken – 2 Paketkarte ausfüllen – 3 Paket wiegen – 4 Paket aufladen – 5 Paket abladen – 6 Paket transportieren – 7 Paket stapeln – 8 Paket verladen – 9 Paket zustellen

Der Zug bringt uns schnell von einem Ort zum andern

Auskunft	Abfahrtstafel	Gepäckschalter	Fahrkarten-schalter	Abteil

fragen wir nach den Zugverbindungen	sehen wir nach den Abfahrtszeiten	geben wir das Gepäck auf	kaufen wir die Fahrkarten	zeigen wir die Fahrkarten vor

In der Auskunft fragen wir nach den Zugverbindungen.

Auf der Abfahrtstafel

Am

Am

In

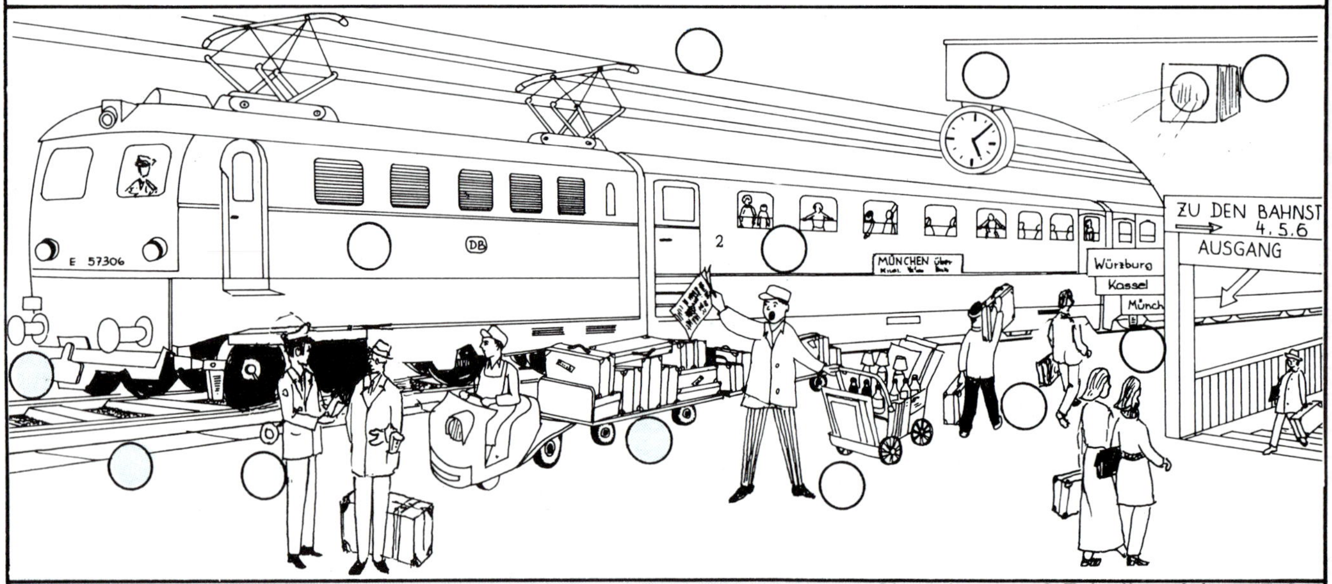

1 Elektrolokomotive – 2 Personenwagen – 3 Gleis – 4 Bahnsteigkante – 5 Oberleitung – 6 Fahrdienstleiter –7 Gepäckkarren – 8 Verkäufer – 9 Gepäckträger – 10 Hinweistafeln – 11 Uhr – 12 Lautsprecher

Auf dem Bahnsteig sehen wir:

Was die Eisenbahn für uns leistet

1 Dampflokomotive – 2 Elektrolokomotive – 3 Diesellokomotive – 4 Personenzug – 5 Schnellzug – 6 Güterzug

Die Eisenbahn befördert täglich 4,3 Mill. Fahrgäste und 1 Mill. Tonnen Güter

Die Züge werden gezogen von [1]

[2] und [3]

Dem Nahverkehr dienen [4]

Dem Fernverkehr dienen [5]

Der Güterbeförderung dienen [6]

Mit der Eisenbahn unterwegs

Raucher	In diesem Abteil
Nichtraucher	In diesem Abteil
Schwerbeschädigte	Dieses Abteil
Dienstabteil	Dieses Abteil
Speisewagen	In diesem Wagen
Schlafwagen	In diesem Wagen
Gepäckwagen	In diesem Wagen

. . . darf man rauchen. . . . darf man nicht rauchen. . . . ist für Schwerbeschädigte. . . . ist für Bahnbeamte.

. . . kann man essen. . . . kann man schlafen. . . . wird Gepäck befördert.

Die Eisenbahn befördert viele Güter

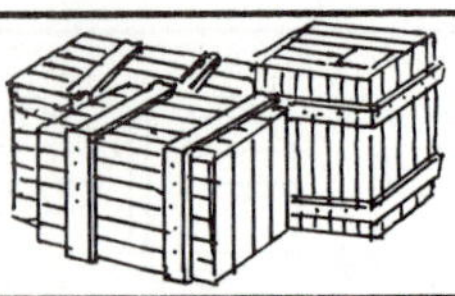

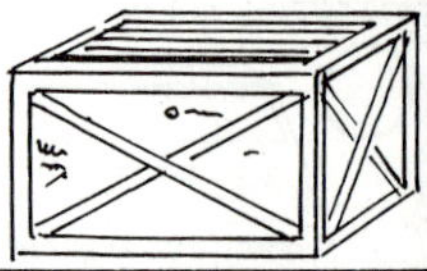

Konserven | Salzheringe | Kartoffeln | Möbelteile | Bücher | Bier
Mehl | Kleidung | Weinflaschen | Essig | Zucker | Maschinenteile
Waschmittel | Wein | Reis | Fahrräder

Die Güter werden mit verschiedenen Güterwagen befördert

1 Rungenwagen	2 Doppelstockwagen	3 Kesselwagen
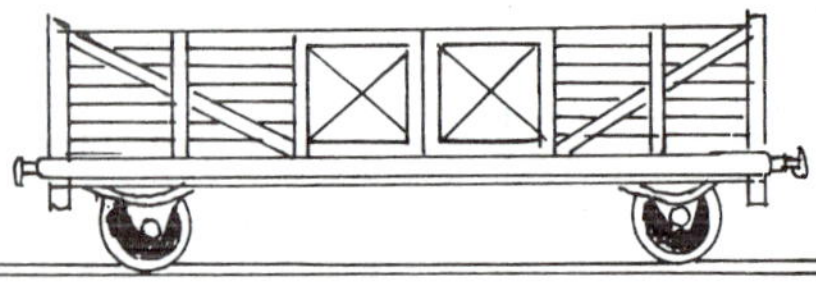	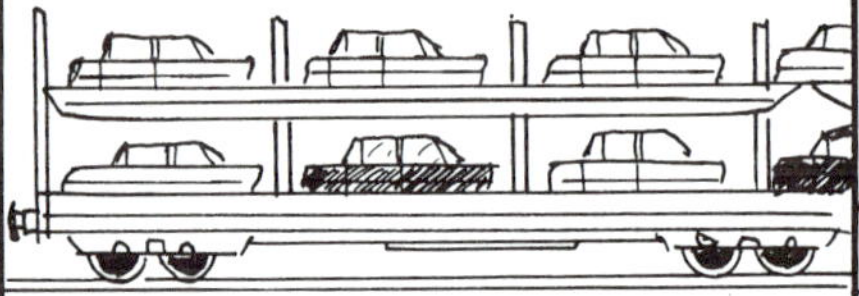	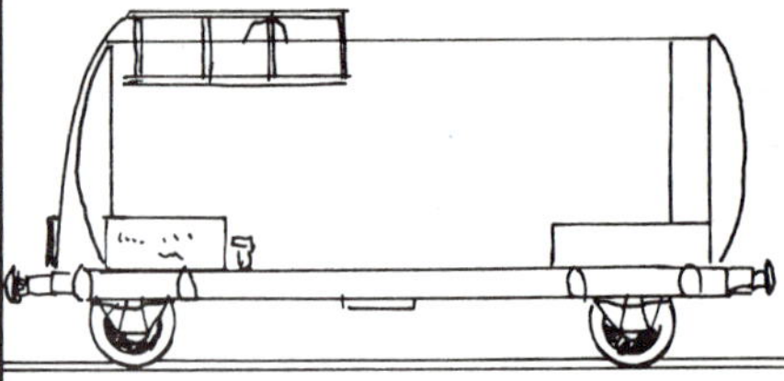
befördern	befördern	befördern
4 Tiefladewagen	5 Verschlagwagen	6 Kühlwagen
	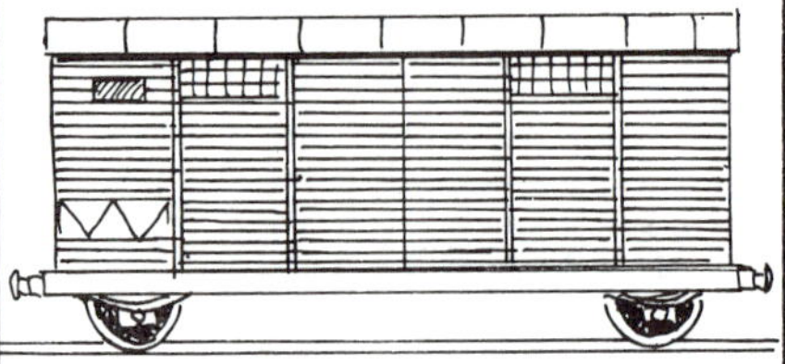	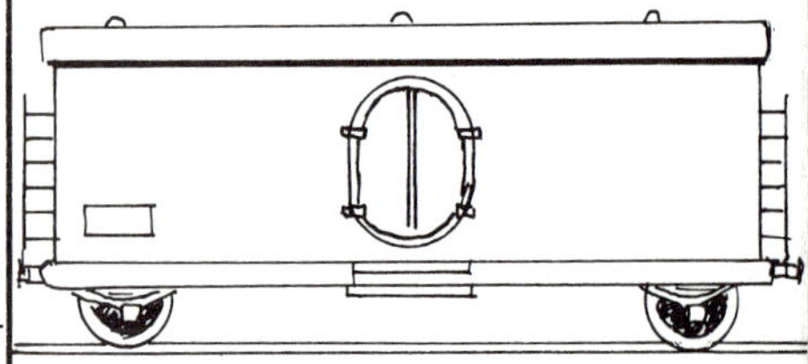
befördern	befördern	befördern

1 Stroh und Bretter	2 Autos	3 Benzin, Gas und Öl
4 schwere und hohe Güter	5 Kleinvieh und Geflügel	6 Fisch und Fleisch

1 Kasse 2 Umkleideraum 3 Dusche 4 Liegewiese 5 Nichtschwimmerbecken 6 Schwimmerbecken 7 Sprungturm 8 Rutschbahn 9 Spielwiese 10 Bademeister

An der 1	Kasse	bezahlen	wir.	bezahlen
Im 2		kleiden wir uns um.		umkleiden
Unter der 3			wir.	duschen
Auf der 4			wir.	liegen
Im 5			wir.	planschen
Im 6			wir.	schwimmen
Vom 7			wir.	springen
Von der 8			wir.	rutschen
Auf der 9			wir.	spielen
Beim 10			wir.	lernen

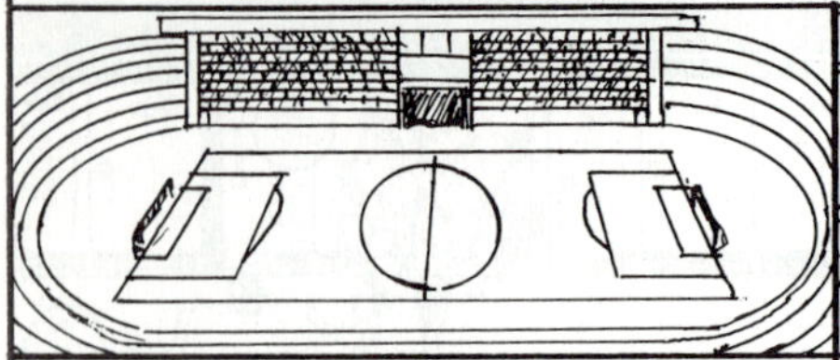
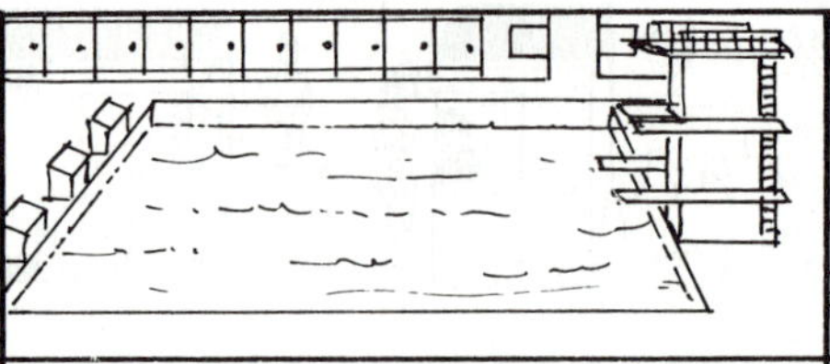

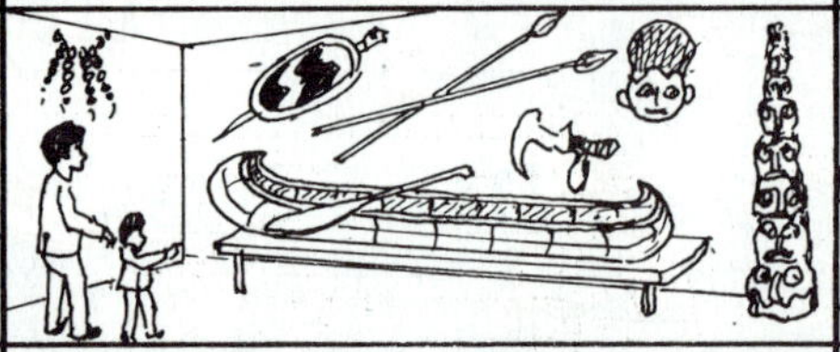

Sportplatz – Schwimmbad – Zoo – Park – Museum – Theater

Auf dem Sportplatz

Im Schwimmbad

Im Zoo

Im Park

Im Museum

Im Theater

. . . treiben wir Sport. . . . planschen, springen und schwimmen wir. . . . sehen wir Tiere fremder Länder.
. . . gehen wir spazieren und ruhen uns aus. . . . besichtigen wir Dinge aus alter Zeit.
. . . erfreuen wir uns am Schauspiel.

Wie wir uns in öffentlichen Anlagen verhalten

Im Sportstadion:	
Schwimmbad:	
Zoo:	
Park:	
Museum:	
Theater:	

Wir werfen keine Gegenstände auf das Spielfeld. – Wir stoßen niemand ins Wasser. – Wir füttern nur, wenn es erlaubt ist. – Wir beschädigen keine Bänke. – Wir fassen nichts an. – Wir stören nicht durch lautes Reden.

Die Temperatur wird mit dem Thermometer gemessen

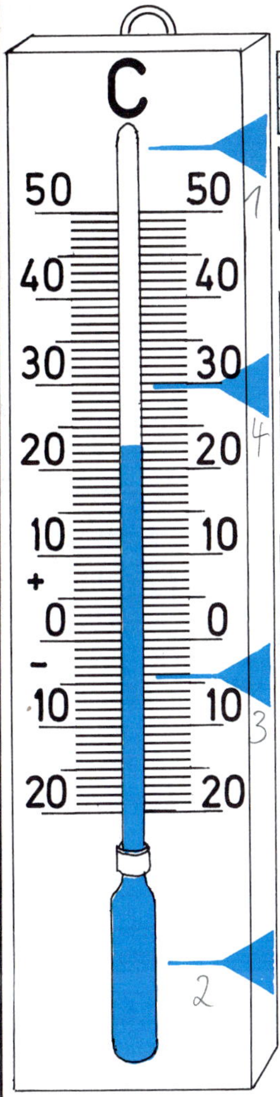

1 Glasröhre
2 Flüssigkeitsbehälter
3 Flüssigkeitssäule
4 Gradeinteilung

Das Thermometer besteht aus einer luftleeren 1

Am Ende der Glasröhre ist der 2 .

Der Flüssigkeitsbehälter ist mit Alkohol oder Quecksilber gefüllt. Je höher die Temperatur steigt, um so höher klettert die 3

Die Flüssigkeitssäule fällt, wenn die Temperatur sinkt. An einer 4 kann man die Temperatur in Grad ablesen.

Miß die Tagestemperaturen zu bestimmten Zeiten! Schreibe die Gradzahl an das Thermometer! Zeichne bei jeder Messung die Höhe der Flüssigkeitssäule ein! Verbinde alle Säulen mit einer roten Linie!

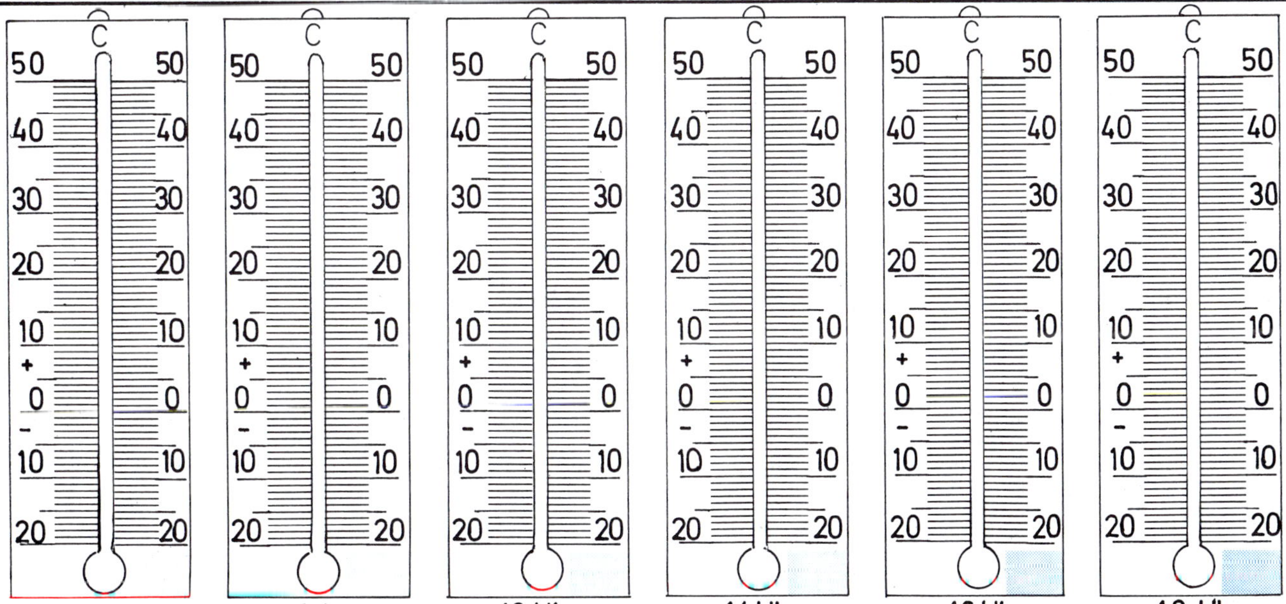

8 Uhr | 10 Uhr | 12 Uhr | 14 Uhr | 16 Uhr | 18 Uhr

Die Wärme entsteht in Wärmequellen

Die wichtigste natürliche Wärmequelle ist die

Auch heiße Qellen und erzeugen Wärme.

Neben den natürlichen gibt es künstliche

Wärme wird erzeugt durch , durch

elektrischen Strom und durch Reibung.

Sonne – Vulkane – Wärmequellen – Verbrennung

wird Wärme erzeugt.

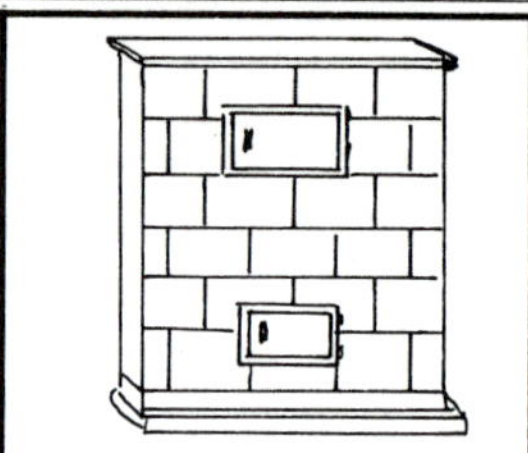

wird Wärme erzeugt.

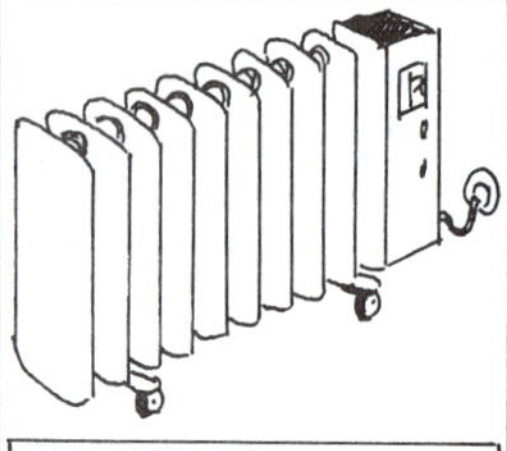
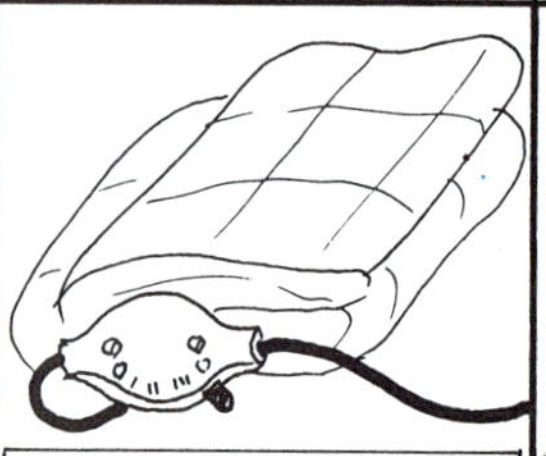

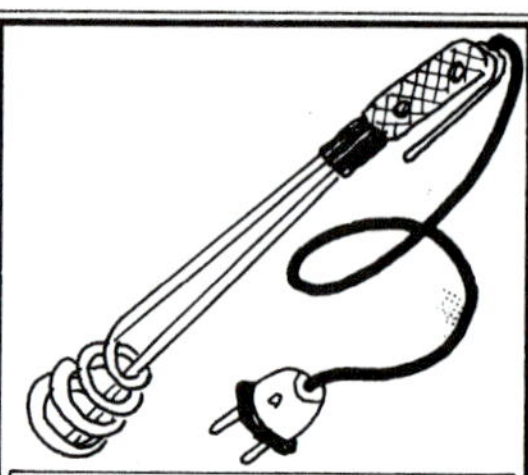

wird Wärme erzeugt.

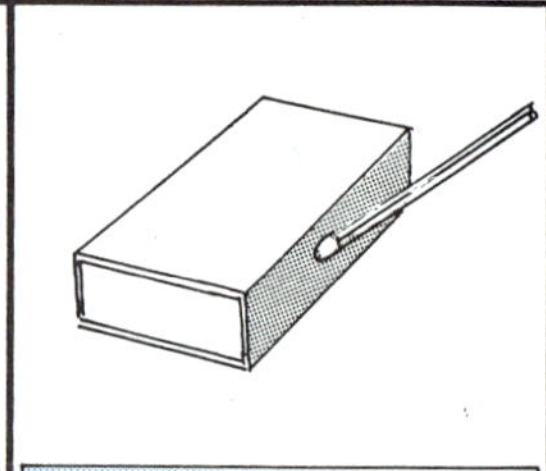

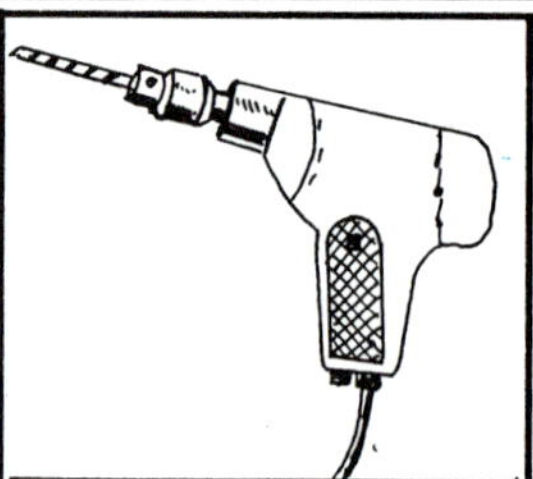
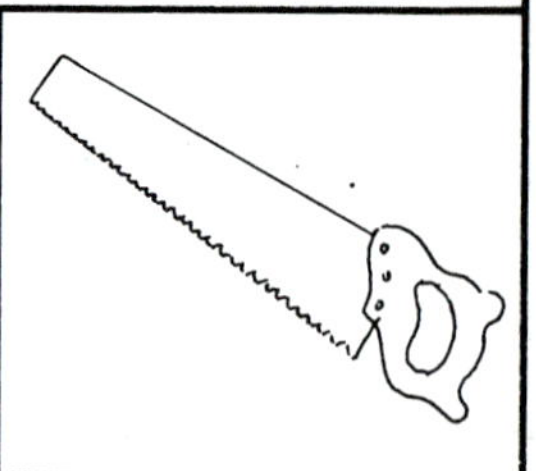

Durch Verbrennung – Durch elektrischen Strom – Durch Reibung

Feuerstelle – Kohleofen – Ölofen – Kachelofen – Küchenherd

Heizkörper – Heizkissen – Elektroherd – Tauchsieder – Bügeleisen

rutschen – streichen – bremsen – bohren – sägen

Gute und schlechte Wärmeleiter

Verschiedene Dinge werden in der gleichen Wärmequelle unterschiedlich schnell warm.

Wenn die Mutter eine heiße Backform aus dem Ofen nimmt, benützt sie zwei Topflappen.

Warum tut sie das?

Die Backform ist aus Metall. Metalle leiten die Wärme gut. Metalle sind gute Wärmeleiter.

Gute Wärmeleiter:

Nichtmetalle sind schlechte Wärmeleiter.

Schlechte Wärmeleiter:

Zum Ausflug nimmt die Mutter heißen Kaffee in einer Thermosflasche mit.

Warum tut sie das?

Die Thermosflasche hat einen Glaseinsatz aus zwei dünnenWänden. Dazwischen ist ein luftleerer Raum,der die Wärme nicht leitet. Auch Dinge, die viele Lufträume enthalten, sind schlechte Wärmeleiter.

enthalten viele Lufträume.

Im Winter zieht sich die Mutter einen Pelzmantel an.

Warum tut sie das?

Luft ist ein guter Kälteschutz für Mensch und Tier. Es schützen vor Kälte:

Der , das , das , das

der Vögel und das behaarte der Säugetiere.

Sie will sich nicht die Hände verbrennen. – Der Kaffee bleibt länger warm. – Der Mantel hält warm.

Eisen, Silber, Kupfer und Zink

Holz, Papier, Wasser und Luft

Pelzmantel – Federbett – Doppelfenster
Gefieder – Fell

Wolle, Watte, Torf und Federn

Ohne Licht kann man nicht sehen

Aufgaben: 1. Male die Lampen farbig aus! – 2. Schreibe ihre Namen auf!

1 Straßenlampe – 2 Tischlampe – 3 Taschenlampe – 4 Deckenlampe – 5 Kerze – 6 Wandlampe – 7 Stehlampe

Farben schützen im Verkehr

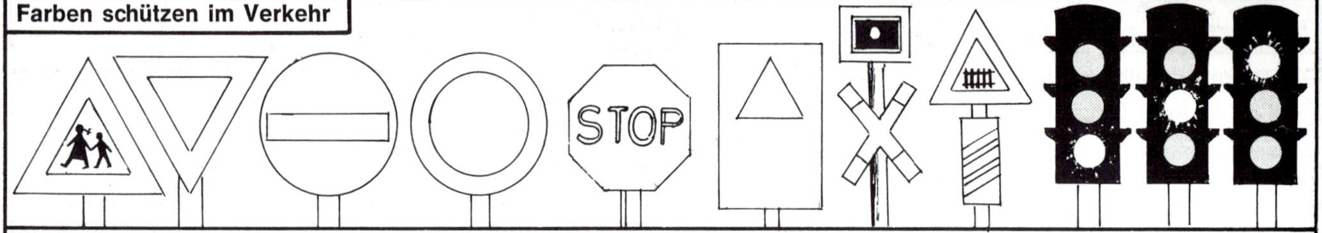

helfen den Verkehr regeln.

schützen im Verkehr.

müssen zu sehen sein.

Aufgabe: Male die Bilder farbig aus und ergänze die Bildunterschriften!

Verkehrszeichen – Verkehrshindernisse – Binden, Mützen, Umhänge und Tornister

Ohne Licht kein Schatten

Durchdringt das Licht die Dinge?

Versuch:
Wir stellen eine brennende Kerze (oder eine andere Lichtquelle) auf. Nacheinander halten wir folgende Gegenstände davor und ordnen sie ein:
Blech – Brett – Glas – Pappe – Pergamentpapier – Plexiglas – Schreibpapier – Seidenpapier – Stein – Stoff –

durchsichtig	lichtdurchlässig	undurchsichtig lichtundurchlässig

Undurchsichtige Dinge werfen Schatten

Versuch: Bilde im verdunkelten Zimmer mit einer Taschenlampe vor einer hellen Wand die folgenden Schattenbilder!
Aufgabe: Ordne den Schattenbildern die richtigen Namen zu!
Hund – Ziege – Gans – Adler – Hase

Die Schattenlänge hängt mit dem Sonnenstand zusammen

Versuch: Schlage einen Stab in die Erde ein und miß am Morgen, am Mittag, am Nachmittag und am Abend die Länge des Schattens!

Steht die Sonne hoch am Himmel, 1 ist der Schatten

steht die Sonne tief am Himmel, 2 ist

Ein Magnet zieht an

Ein Magnet kann Gegenstände aus Eisen anziehen oder Gegenstände, in denen Eisen enthalten ist.
Einige Dinge kann er nicht anziehen.

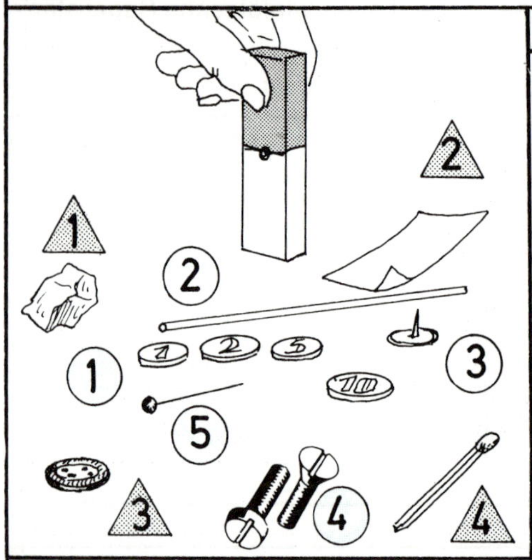

Stelle fest, welche Dinge von einem Magneten angezogen werden!

Der Magnet zieht an: ①

② ③

④ ⑤

Der Magnet zieht nicht an: △1

△2 △3 △4

Geldstücke Knöpfe Schrauben Nadeln

Papier Steine Eisenstab Heftzwecken

Streichhölzer

Prüfe, welche Geldstücke der Magnet anziehen kann und kreuze die entsprechenden Felder an!

	1		2		5		10		50		1		1/2		5		

Die Kraft des Magneten dringt durch verschiedene Gegenstände

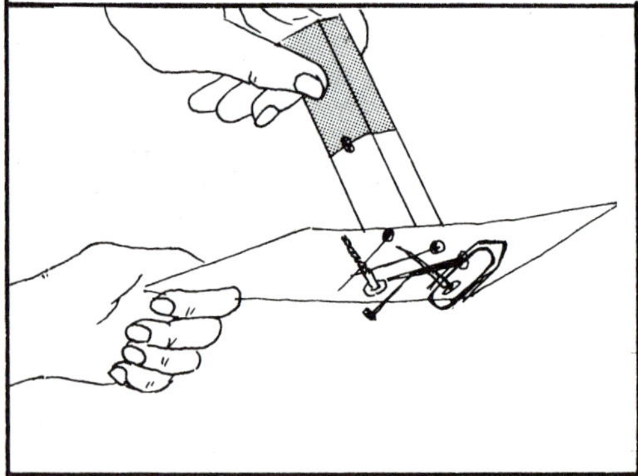

Mache den gleichen Versuch mit verschiedenen Gegenständen (z. B.: Heft, Buch, Stoff, Holz, Pappe, Glas)!

Die Kraft des Magneten dringt durch:

Die Kraft des Magneten ist am Ende am stärksten.
Wir prüfen die Stärke eines Magneten.
Der Magnet kann mehrere Nägel anziehen.

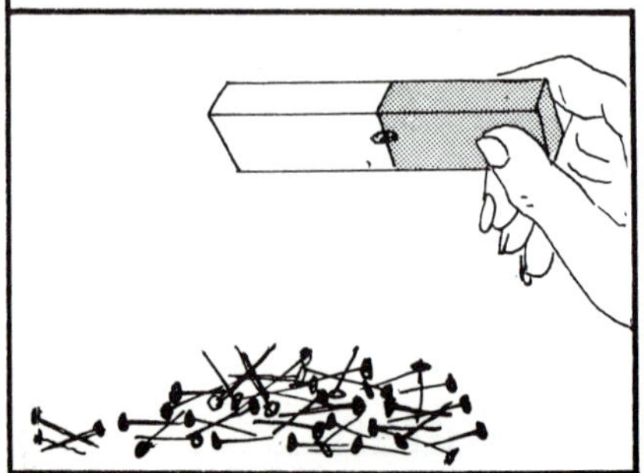

Wieviel Nägel kann dein Magnet anziehen?

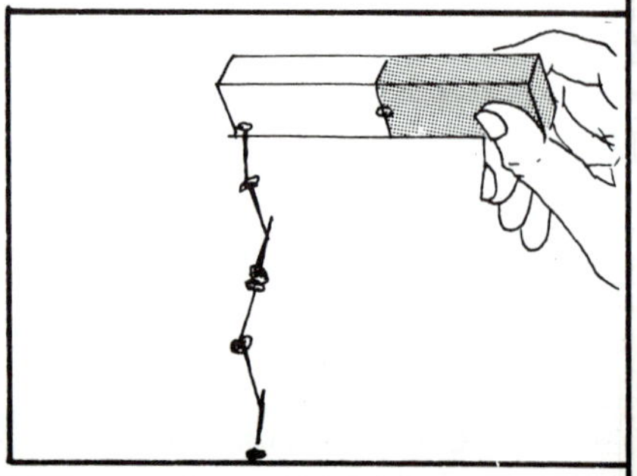

	5		10		15		20		25		30		35		40	

Kreuze das richtige Feld an!

Eine Glühlampe leuchtet

Wir brauchen

Glühlampe   Leitungsdraht   Fassung   Batterie

(1)

(2)

(3)

(4)

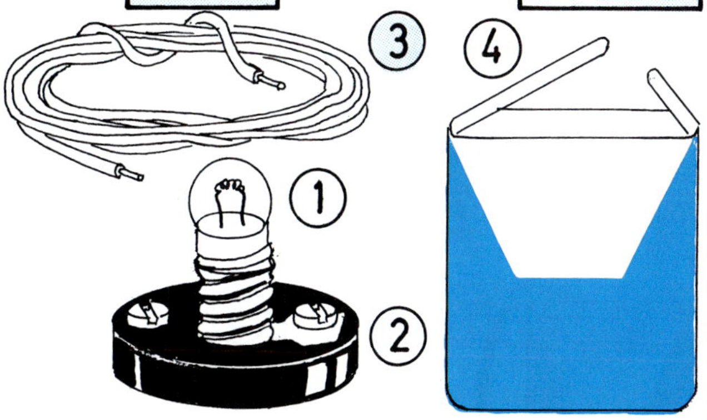

Die Glühlampe leuchtet, wenn der

(3) mit der (2)

der (1) und der (4)

verbunden wird.

(4)   (1)

(2)

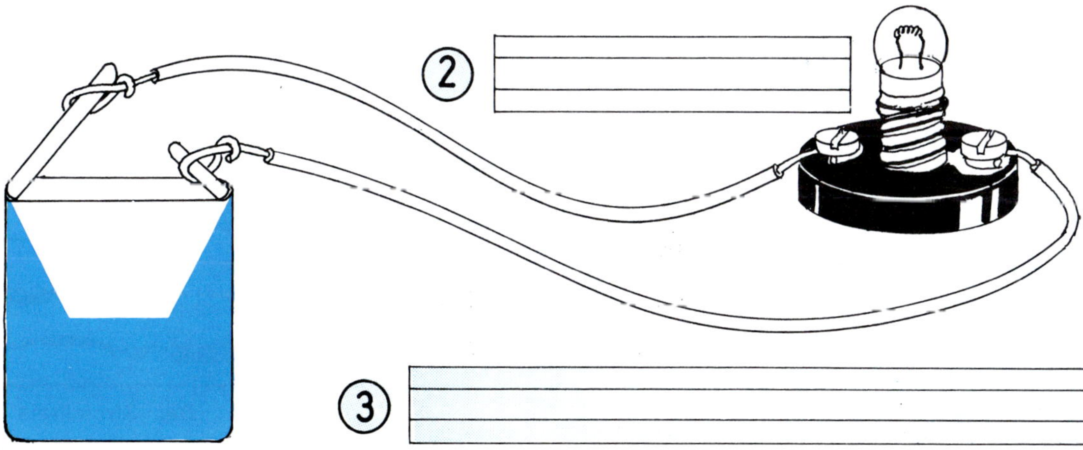

(3)

Batterie, Glühlampe und Leitungen bilden

einen St

Die Glühlampe l immer, wenn

der Stromkreis g ist.

leuchtet   Stromkreis   geschlossen

Der Stromkreis kann geöffnet oder geschlossen sein

Die Lampe leuchtet, wenn der Stromkreis geschlossen ist.

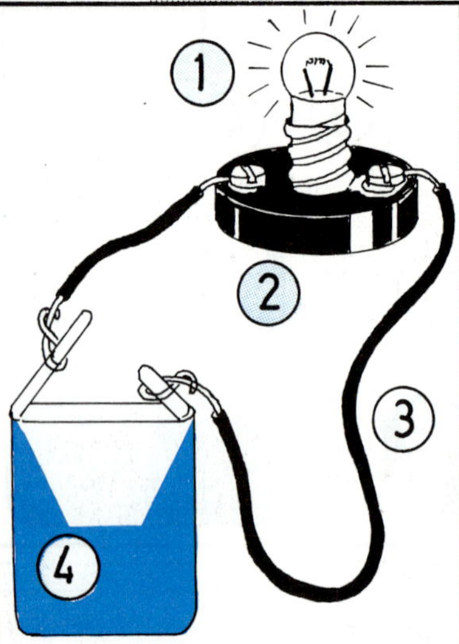

Der Stromkreis besteht aus Fassung, Glühlampe, Leitungsdrähten, Batterie

1	
2	
3	
4	

Die Lampe leuchtet nicht, wenn der Stromkreis an **einer** Stelle unterbrochen (geöffnet) ist.

Der Stromkreis kann an vielen Stellen unterbrochen werden.

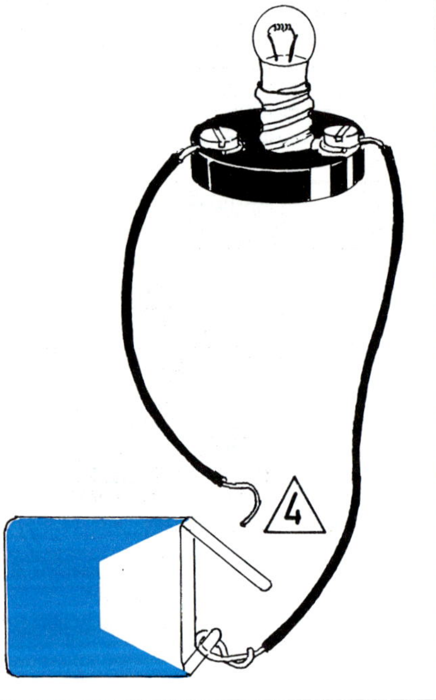

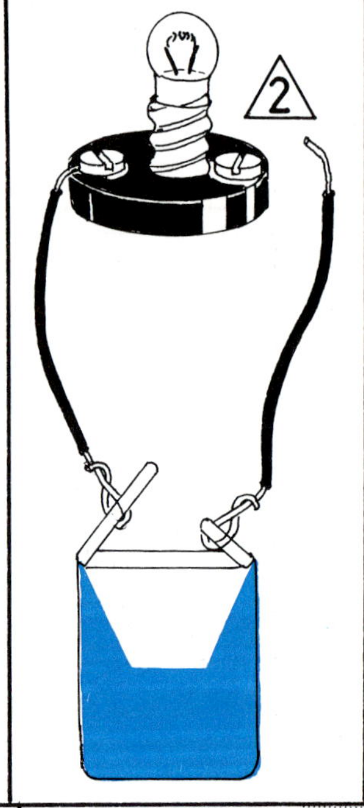

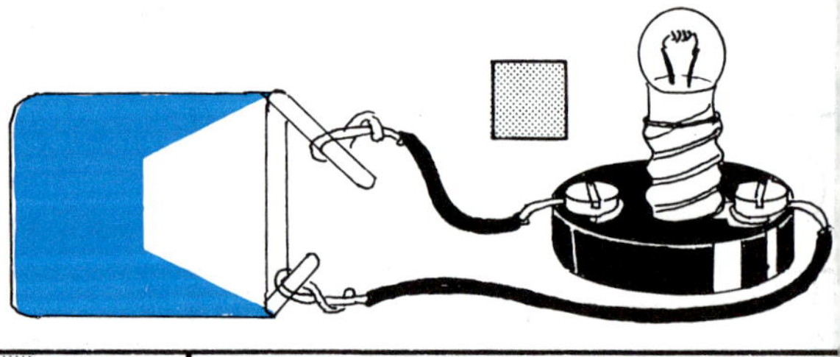

	Der Stromkreis ist offen oder geschlossen	Die Lampe leuchtet oder leuchtet nicht	Der Stromkreis ist unterbrochen bei der . . .
1			G
2			F
4			B
▢			

Der Schalter im Stromkreis

Ein Schalter kann den Stromkreis unterbrechen (öffnen) und schließen.

geöffneter Schalter

geschlossener Schalter

(1)

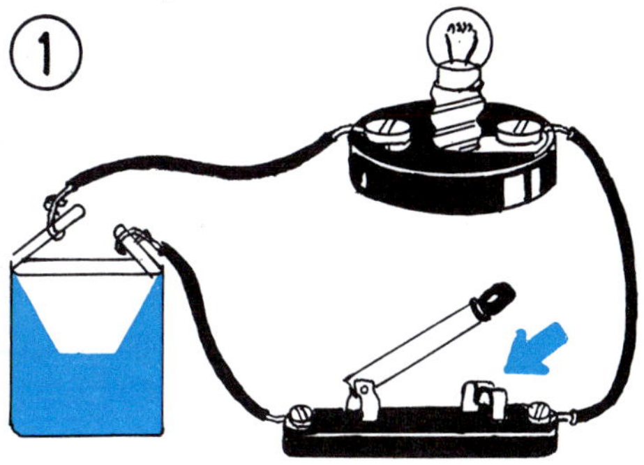

(1)

Bei welchem Bild ist der Stromkreis geschlossen oder unterbrochen (geöffnet)

(2)

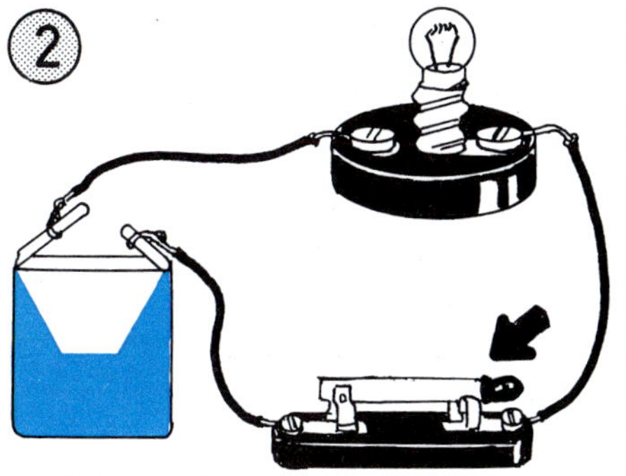

(2)

(3)

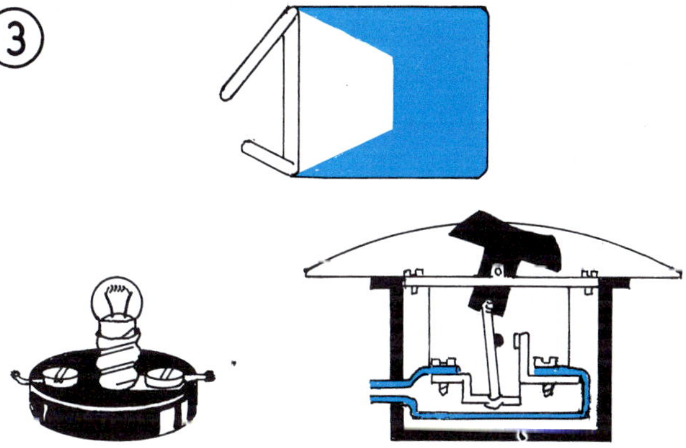

(4)

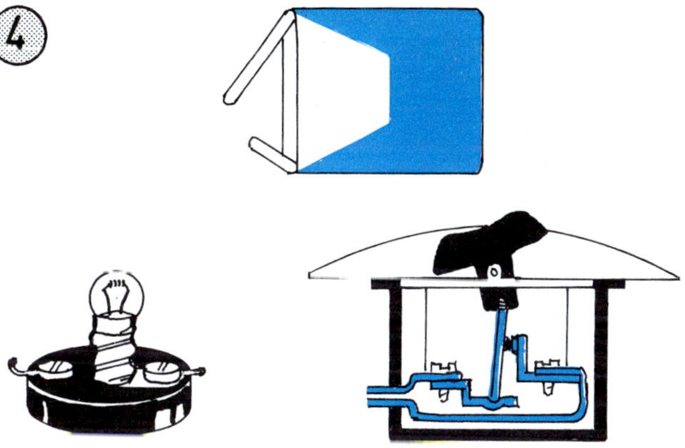

(3)

(4)

1. Vervollständige den Stromkreis!
2. Gib durch Lichtstrahlen an, welche Glühlampe leuchtet!

Im Haushalt gibt es viele Schalter:

Die bekanntesten Schalter sind:

Zugschalter	Drehschalter	Druckschalter	Wippschalter

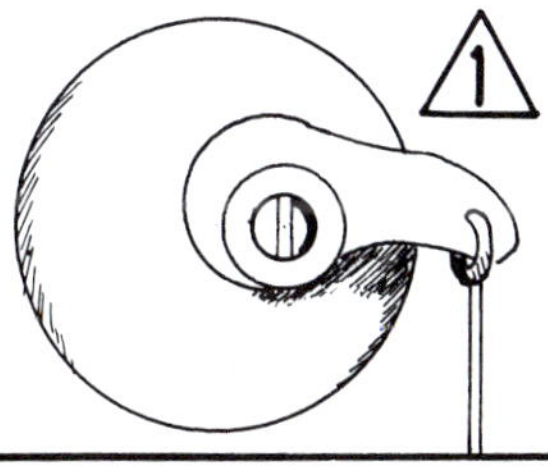

△1

△2

△3

△4

△1

△2

△3

△4

Der Wald mit seinen Nadel- und Laubbäumen

Bei einer Wanderung durch den Wald lernen wir verschiedene Bäume kennen. Einige haben Nadeln und tragen Zapfen. Diese heißen Nadelbäume. Andere tragen Blätter. Diese Bäume nennt man Laubbäume.

Ein Wald mit Nadelbäumen heißt Nadelwald	Ein Wald mit Laubbäumen heißt Laubwald
Nadelbäume	**Laubbäume**
(1) Kiefer (2) Lärche (3) Fichte (4) Tanne	(5) Buche (6) Birke (7) Eiche (8) Kastanie

Schneide aus dem farbigen Ausschneideblatt die passenden Bilder und klebe sie ein!

Zum Nadelwald gehören:	Zum Laubwald gehören:
(1)	(5)
(2)	(6)
(3)	(7)
(4)	(8)

Zu welchen Bäumen gehören diese Zweige?

(1)

(2)

(5)

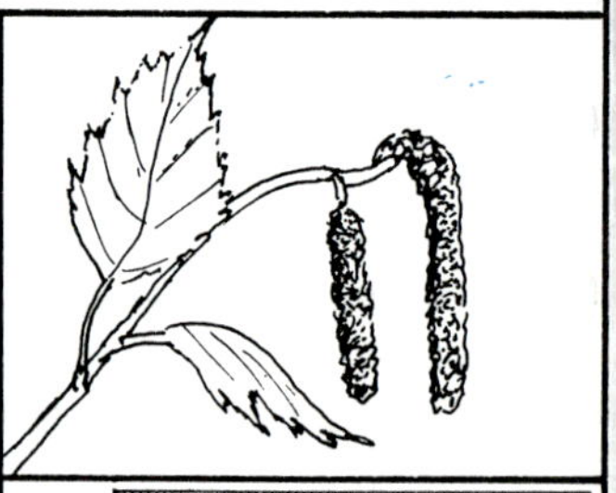

(6)

(3)

(4)

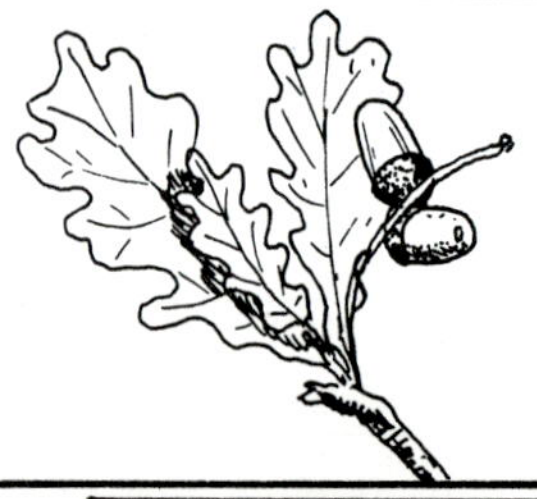

(7)

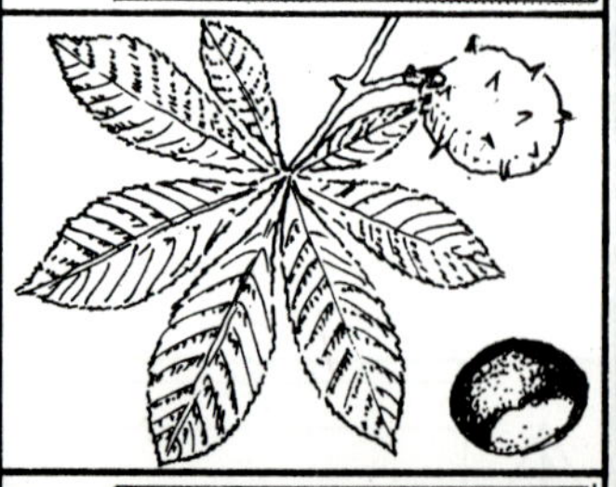

(8)

Der Mischwald

Zum Mischwald gehören Nadelbäume und Laubbäume

1	Kiefer	
2	Lärche	
3	Fichte	
4	Tanne	
5	Buche	
6	Birke	
7	Eiche	

Schneide aus dem farbigen Ausschneideblatt das passende Bild aus

und klebe es ein!

1. Die hat lange, spitze N .
2. Die hat kleine Z .
3. Die hat h Zapfen.
4. Die trägt au Zapfen.
5. Die Frucht der heißt B
6. Die erkennt man an der weißen R
7. Die Früchte der nennt man E

Buchecker Rinde Eicheln

Zapfen Nadeln aufrechte hängende

Die Tiere bereiten sich auf den Winter vor

Im Herbst bereiten sich die Tiere auf den Winter vor. Sie sammeln Vorräte und setzen Fett an, um den Winter zu überstehen. Als Schutz gegen die Kälte bekommen sie ein warmes Winterfell. Die kalte Zeit verbringen sie in ihren Höhlen und Nestern. Manche Tiere halten Winterruhe. Zu ihnen gehören:

(1) Hamster (2) Dachs (3) Eichhörnchen

Schneide aus dem farbigen Ausschneideblatt die passenden Bilder aus und klebe sie ein!

Manche Tiere halten einen Winterschlaf. Zu ihnen gehören:

(4) Igel (5) Fledermaus (6) Siebenschläfer

Schneide aus dem farbigen Ausschneideblatt die passenden Bilder aus und klebe sie ein!

(1) Der ______ sammelt Vorräte.

(2) Der ______ sammelt Nahrung.

(3) Das ______ sammelt Zapfen.

(4) Der ______ schläft in seinem Bau.

(5) Die ______ hängt mit dem Kopf nach unten.

(6) Der ______ schläft fast sieben Monate in seinem Nest.

Die Menschen bereiten sich auf den Winter vor

Im Herbst bereiten sich die Menschen auf den Winter vor. Sie bestellen beim Händler Kohlen, Öl und Briketts. Der Bauer bringt die Kartoffeln. Die Mutter weckt Obst ein und kauft Winterkleidung.

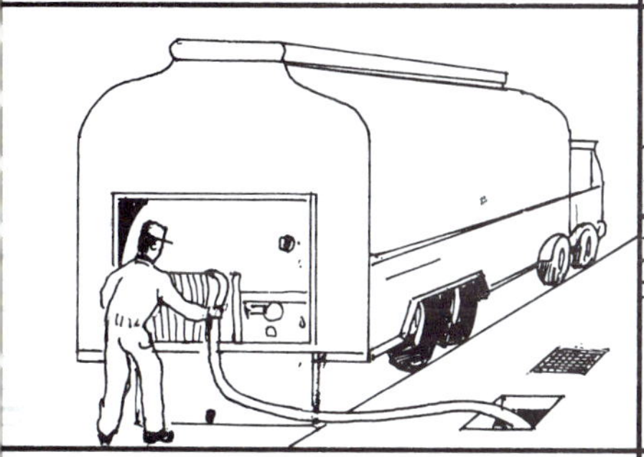

Wintervorbereitungen

Die Mutter weckt ein.

Der Vater spapelt die auf.

Die Mutter kellert die ein.

Der Öltankwagen bringt das .

Das Kohlenauto bringt die .

Die Mutter kauft

Blumenpflege im Klassenzimmer

Unser Klassenzimmer können wir mit Topfblumen schmücken, die wir selbst aufziehen und pflegen. Wir besorgen

Blumenerde Blumentöpfe und Stecklinge

①

②

③

Schneide aus dem farbigen Ausschneideblatt das passende Bild aus und klebe es ein!

Zu den bekanntesten Zimmerpflanzen gehören:

①

②

③

Hier fehlt ein farbiges Bild!

Für die Pflege der Zimmerpflanzen benutzen wir folgende Geräte:

Gießkanne Schüppchen Blumendünger Harke Regenwasser

1

2

3

4

5

Merke 1. Topfblumen brauchen – wie alle anderen Pflanzen –

Licht Luft Wasser Wärme Nahrung

2. Zum Gießen nehmen wir gesammeltes Regenwasser oder abgestandenes Leitungswasser

Vom Leben der Bäume und Sträucher im Winter

Auch im Winter gibt es Leben in den kahlen Ästen der Bäume und Sträucher. Wenn wir im Dezember oder Januar Zweige von Bäumen oder Sträuchern ins Wasser stellen (20 C Zimmertemperaturen), können wir etwas beobachten:

Wir beobachten:

Kirsche	Pflaume	Pfirsich	Apfel

sowie Forsythie und Kastanie

Wir stellen fest:

Die K werden dicker
und länger.
An den Enden sieht man
g Spitzen.
Die Knospen wachsen und
sp .
Wir sehen kleine B .
Wir sehen kleine B .

Forsythie

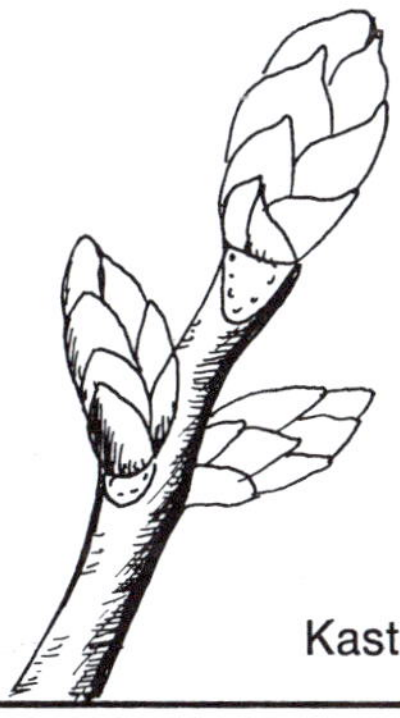
Kastanie

grüne Knospen Blüten
springen auf Blättchen

Wir merken uns:

Zweige, die im Winter blühen, nennt man **Barbarazweige**

Wir wollen sauber sein

Wir benutzen:

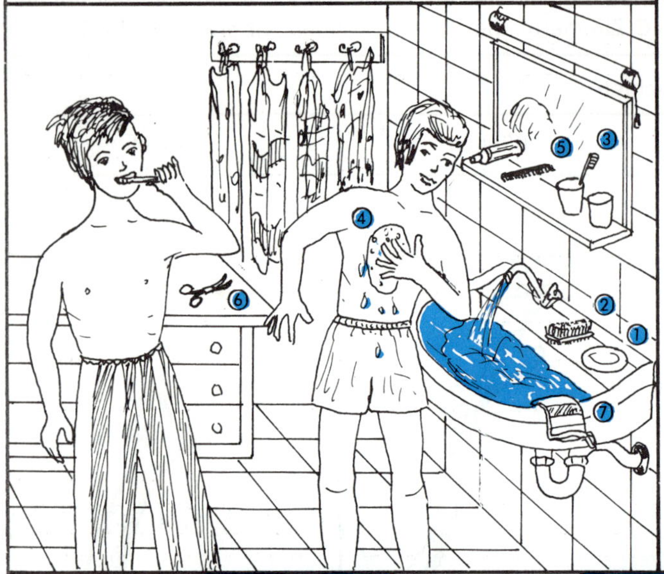

1.
2.
3.
4.
5.
6.
7.

Schwamm		Seife		Waschlappen		Handbürste
	Zahnbürste		Schere		Kamm	

1. Wir waschen uns mit .
2. Wir säubern die Finger mit der .
3. Wir putzen die Zähne mit der .
4. Wir waschen den Körper mit einem .
5. Wir kämmen unser Haar mit einem .
6. Wir schneiden unsere Nägel mit einer .
7. Wir waschen uns mit einem .

Denke daran:

1) Jede Woche wenigstens einmal baden oder brausen!

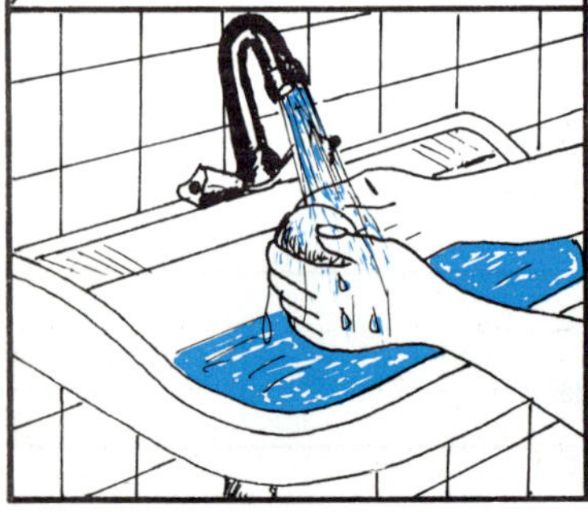

2) Vor allen Mahlzeiten und nach der Toilette die Hände waschen!

Wir pflegen unsere Zähne

Wenn wir gesund bleiben wollen, müssen wir unsere Zähne täglich putzen.

Wir benutzen dazu einen Zahnbecher, eine Zahnbürste und Zahnpasta.

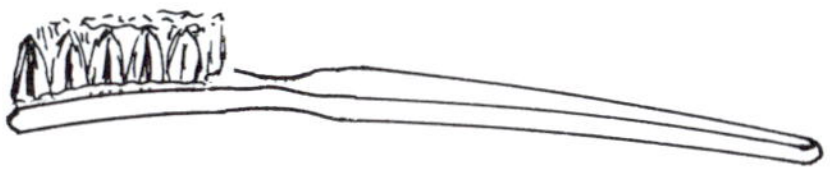

Wichtige Regeln sind zu beachten!

○ Nicht zu ______ Speisen essen!

○ Nicht zu ______ Süßigkeiten essen!

○ Täglich zweimal die Zähne ______ !

○ Keine ______ Schalen knacken!

○ Nicht zu ______ Getränke trinken!

harten	putzen	viele	kalte	heiße

Das Surren des Bohrers hört niemand gern. Deshalb mußt du deine Zähne pflegen.

Merke: 1. Bei Zahnschmerzen sofort den Zahnarzt aufsuchen!

2. Um Zahnschäden zu verhüten, muß man 2 mal jährlich den Zahnarzt aufsuchen!

△1

Beim Zahnarzt

Dr. med. dent.

______

Sprechstunden:

______

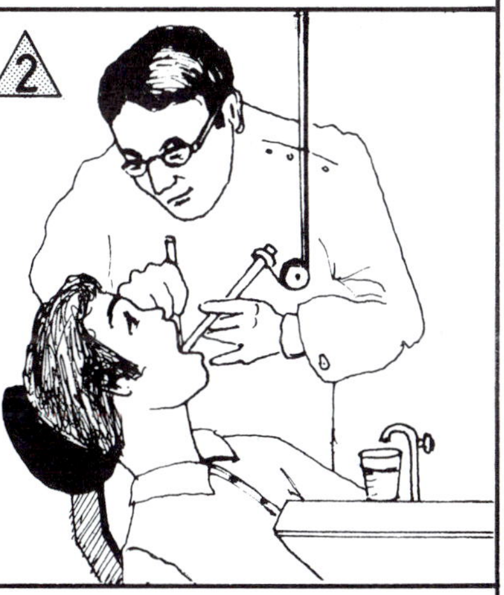

△1 ______

△2 ______

Wie verhalte ich mich beim Essen

Beim Essen sollte man gute Tischsitten beachten, wenn man nicht unangenehm auffallen will. Deshalb sollte man sich einige Tischregeln merken.
Es gibt gute und schlechte Tischsitten.

Tischsitten

Überlege, was richtig oder falsch ist!

Man ißt die Kartoffeln mit der Hand.	F
Man wartet, bis man an der Reihe ist.	R
Die Suppe schlürft man laut.	A
Man nimmt nicht das größte Fleischstück.	I
Messer in die rechte Hand, Gabel links.	C
Was nicht schmeckt, spuckt man aus.	L
Das Messer kann man sauber ablecken.	S
Auf andere Gäste nimmt man Rücksicht.	H
Wenn etwas fehlt, schreit man nach der Mutter.	C
Beim Kauen reißt man den Mund weit auf.	H
Man spricht nicht laut beim Essen.	T
Vor dem Essen wünscht man guten Appetit.	I
Man ißt ruhig und nicht zu hastig.	G

1) Streiche die schlechten Tischsitten und ihre Kennbuchstaben durch und setze die Buchstaben unter das rechte Bild.
(beginne von oben nach unten)
2) Setze die Kennbuchstaben der guten Tischsitten unter das linke Bild.

R	I	C				

Er ißt

F	A					

Wenn wir krank sind

Wenn zu Hause jemand krank wird, müssen wir darauf vorbereitet sein. Wir brauchen dazu eine Hausapotheke.

Wie verhalte ich mich bei Erkrankungen?

Bei (1) Husten + Schnupfen (2) Fieber (3) Halsschmerzen (4) Leibschmerzen

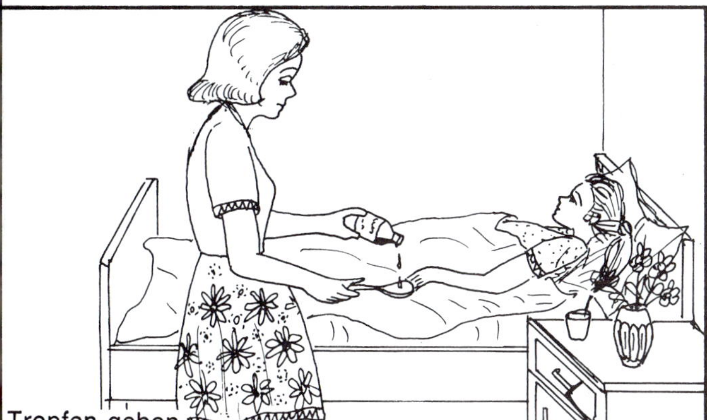
Tropfen geben

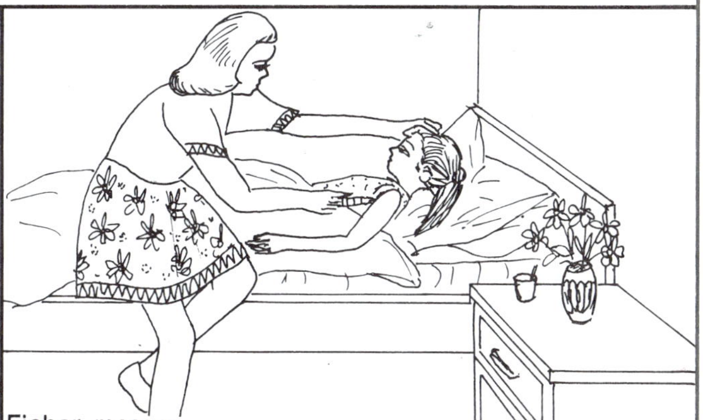
Fieber messen

(1) ______________________

(2) ______________________

Halswickel anlegen

Tee aufbrühen

(3) ______________________

(4) ______________________

Bei ______ (1) ______ und ______ Tropfen geben! 

Bei ______ (2) ______ das Fieberthermometer anlegen! 

Bei ______ (3) ______ einen Halswickel anlegen! 

Bei ______ (4) ______ Tee aufbrühen! 

Wir merken uns:

Bei hohem **Fieber**, **Ausschlag** und anderen schweren **Erkrankungen** sofort den **Arzt** verständigen.

Viele Ärzte können helfen

Dr. med. H. Jung **Facharzt** **für Kinderkrankheiten** Sprechstunden täglich 10.00–12.00, 15.00–18.00 Uhr außer samstags	**Dr. med. A. Nagel** **Facharzt** **für Hautkrankheiten** Sprechstunden Di., Do., Fr. 9.30–11.30, 15.00–17.00 Uhr Mo., Mi. 9.30–12.00 Uhr	**Dr. med. O. Hörz** **Facharzt** **für Hals-, Nasen- und Ohrenkrankheiten** Sprechstunden täglich 9.00–12.00, 15.00–17.00 Uhr außer samstags	**Dr. med. J. Gall** **Facharzt** **für Innere Krankheiten** Sprechstunden Mo., Di., Do., Fr. 9.00–11.30, 16.00–17.30 Uhr

Frühlingsarbeiten im Garten

Vater arbeitet im Garten

(1) umgraben

(2) düngen

(3) harken

(4) pflanzen

(5) gießen

(6) jäten

Was macht Vater?

(1) ______ (2) ______ (3) ______

(4) ______ (5) ______ (6) ______

Gartengeräte

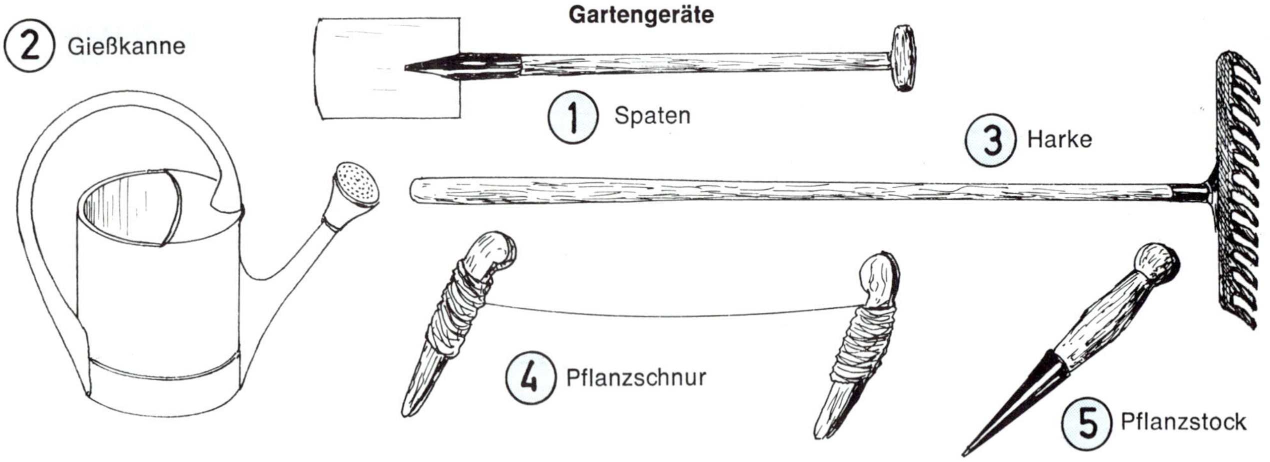

Wie heißen die Gartengeräte?

(1) ______ (2) ______ (3) ______

(4) ______ (5) ______

Frühlingsarbeiten auf dem Feld

Im Frühjahr hat der Bauer viel zu tun. Zuerst muß er den Acker △1 pflügen. Dann muß er den Boden △2 eggen. Danach muß er den Samen △3 säen. Zum Schluß muß er den Boden △4 walzen.

△1

① Pflug

△2

② Egge

△3

③ Sämaschine

△4

④ Walze

Mit dem ① wird der Ackerboden umgelegt. Die ② zerkleinert die Erdklumpen und macht den Acker eben. Die ③ streut den Samen in den Boden ein. Mit der ④ wird der Samen eingewalzt und der Boden geglättet.

Im Frühjahr sät und pflanzt der Bauer Radieschen, Möhren, Spinat, Tomaten, Kohl, Salat und andere Gemüsearten:

Er sät:	Er pflanzt:
R	T
M	K
Sp	S

Zugvögel und Standvögel

Die Zugvögel sind heimgekehrt. Sie heißen:

Schwalbe | Nachtigall | Storch | Star | Kuckuck | Lerche | und andere.

Schneide aus dem farbigen Ausschneideblatt das passende Bild aus

und klebe es ein!

Zugvögel

1 Schwalbe
2 Nachtigall
3 Storch
4 Star
5 Kuckuck
6 Lerche

Viele Vögel bleiben das ganze Jahr über bei uns. Man nennt sie Standvögel. Sie heißen:

Amsel | Zaunkönig | Kohlmeise | Sperling | Buchfink | Schwarzspecht | und andere.

Schneide aus dem farbigen Ausschneideblatt das passende Bild aus

und klebe es ein!

Standvögel

1 Amsel
2 Zaunkönig
3 Kohlmeise
4 Sperling
5 Buchfink
6 Schwarzspecht

Singvögel und ihre Brutpflege

Im Frühjahr sind die meisten Zugvögel zu uns zurückgekehrt. Unter ihnen sind viele Singvögel. Sie heißen:

Mehlschwalbe	Singdrossel	Amsel	Buchfink	Gartenrotschwanz	Rotkehlchen	und andere.

Buchfink	Singdrossel	Gartenrotschwanz
Amsel	Rotkehlchen	Mehlschwalbe

Anfang März beginnen die meisten Vögel mit dem Nestbau.

Danach legt das Vogelweibchen die Eier . Die Vogeleltern brüten dann die Eier aus. Die Jungen werden von den Vogeleltern gefüttert.

Schneide aus dem farbigen Ausschneideblatt die passenden Bilder aus

und klebe sie ein!

① ② ③ ④

Elektrische Geräte im Haushalt

Aufgaben: 1. Schneide die passenden Bilder aus und klebe sie richtig ein!
2. Schreibe die richtigen Namen darunter!

Licht	Ton/Bild	Wärme	Arbeit

Tischlampe – Fernseher – Heizkörper – Waschmaschine – Leuchtröhre – Tonband – Heizsonne – Bohrer – Dek-
kenlampe – Filmapparat – Heizlüfter – Mixer – Schreibtischlampe – Radio – Kochplatte – Staubsauger

Bilder sind zu ordnen

1

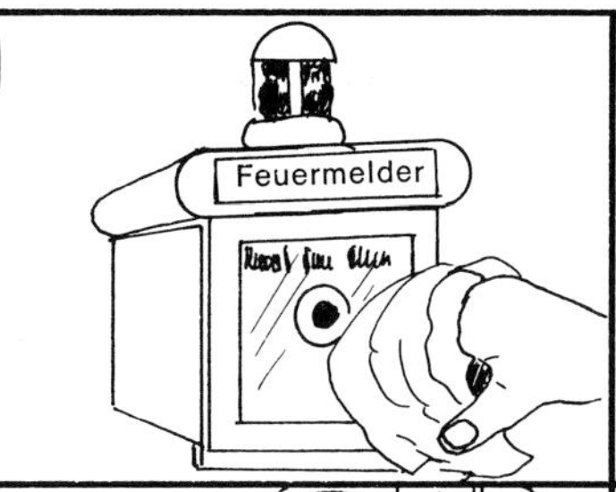

2

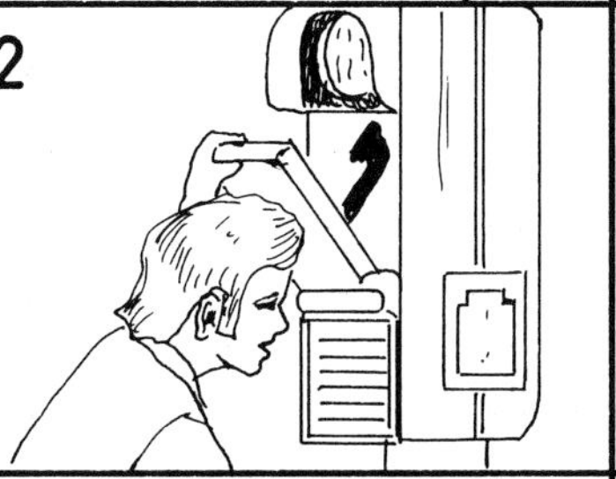

3

4

5

6

Aufgaben: 1. Klebe zu jedem Bild mit einer Nummer ein passendes Bild mit einem Buchstaben!

2. In der richtigen Reihenfolge bilden die sechs Buchstaben ein Lösungswort.

Wir spielen mit dem Ball

1

2

3

4

5

6

7

8

Aufgaben:

1. Die Bilder zeigen dir Ballspieler ohne ihre notwendigen Sportgeräte.
2. Klebe zu den Sportlern die fehlenden Geräte!
3. Schreibe den Namen der Sportart in die Kästchen!
4. Die Buchstaben in den umrandeten Feldern – in der Reihenfolge der Felder 1 bis 8 gelesen – ergeben die Lösungswörter ß = ss / ch = 1 Buchstabe
5. Schreibe die Lösungswörter unten in die Kästchen!

☐☐☐☐☐ ☐☐☐ **fit!**

Hockey – Fußball – Korbball – Tennis – Federball – Handball – Mini-Golf – Tischtennis

Wir wollen gesund bleiben

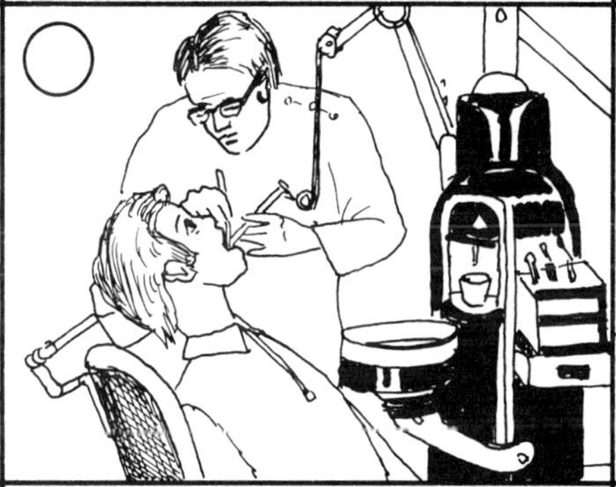

1. Im Winter muß die Kleidung uns vor Kälte schützen.
2. Im Sommer muß die Kleidung luftig sein.
3. Zweimal jährlich zum Zahnarzt gehen.
4. Morgens ausgiebig und in Ruhe essen.
5. Das Schulfrühstück aus Butterbrot und Milch ist wichtig.
6. Nicht zu viel Süßigkeiten essen.
7. Sport und Bewegung hält jung und gesund.
8. Gesund sind Obst und Gemüse.
9. Wir putzen unsere Zähne täglich 2 mal.

Kennst du diese Vögel?

Schwalbe
Kohlmeise
Schwarzspecht
Zaunkönig
Amsel
Buchfink

Star
Storch
Lerche
Nachtigall
Sperling
Kuckuck

Name eines Zugvogels

Trage die umrahmten Buchstaben der Reihe nach hier ein!

Farbiges Ausschneideblatt 1

Zu Seite 2

Zu Seite 30

Zu Seite 31

Zu Seite 32

Zu Seite 32

Farbiges Ausschneideblatt 2

Zu Seite 42

Zu Seite 43

Zu Seite 43

Farbiges Ausschneideblatt 3

Zu Seite 32

Zu Seite 34

Zu Seite 42

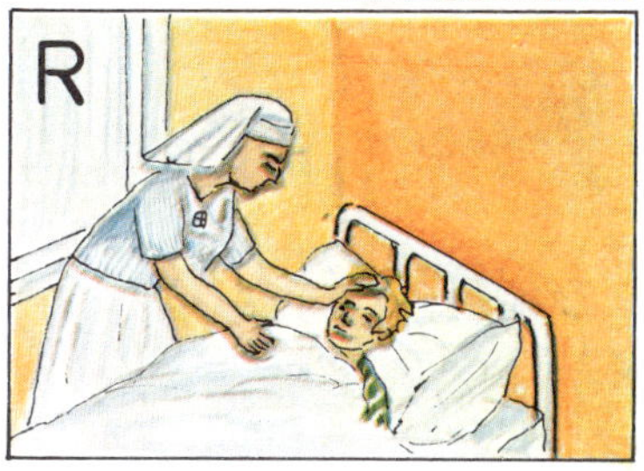

Zu Seite 45

Zu Seite 45

Farbiges Ausschneideblatt 4

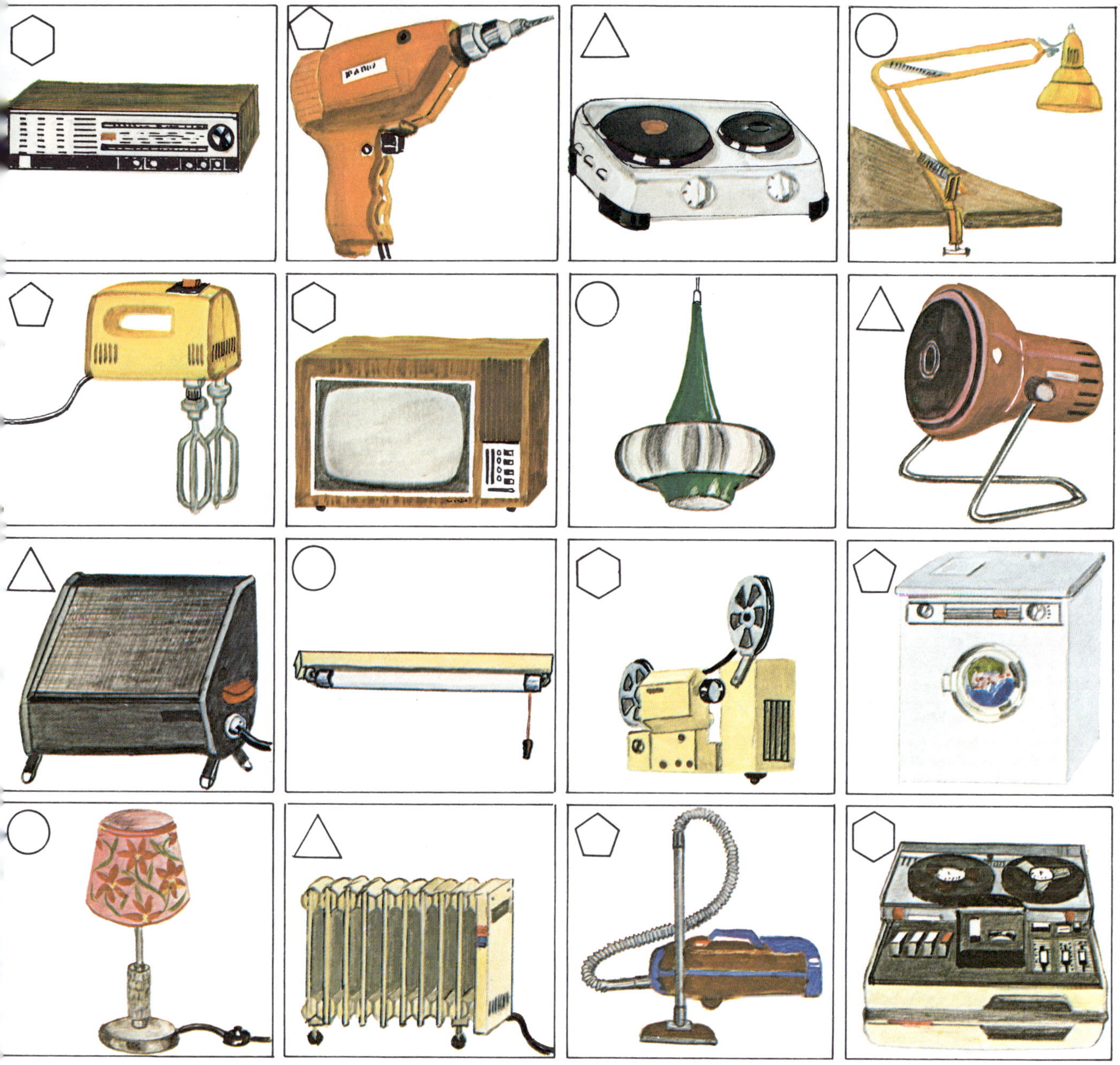

Zu Seite 44

Zu Seite 46